트렌드의 원리

커뮤니케이션이해총서

급변하는 커뮤니케이션 환경에서 새로운 지식에 대한 욕구가 높아지고 있습니다. 이러한 흐름에 발맞추어 하나의 커뮤니케이션 주제를 10개 항목으로 묶어서 달걀 꾸러미처럼 엮었습니다. 사회의 변화를 빠르게 알기 원하는 대중과 시대에 앞선 지식을 단시간에 알고자 하는 연구자, 실무자, 학생에게 도움이 되는 책입니다.

일러두기

- 인명, 작품명, 저서명, 개념어 등은 한글과 함께 괄호 안에 해당 국가의 원어를 병기했습니다.
- 외래어 표기는 현행 어문규정의 외래어표기법을 따랐습니다.
- 이 저술은 2024년도 서울여자대학교 교내학술연구비(2024-0267)의 지원을 받았습니다.

트렌드의 원리

주창윤

대한민국, 서울, 커뮤니케이션북스, 2024

트렌드의 원리

지은이 주창윤
펴낸이 박영률

초판 1쇄 펴낸날 2024년 11월 15일

커뮤니케이션북스(주)
출판 등록 2007년 8월 17일 제313-2007-000166호
02880 서울시 성북구 성북로 5-11
전화(02) 7474 001, 팩스(02) 736 5047
commbooks@commbooks.com
www.commbooks.com

CommunicationBooks Inc.
5-11, Seongbuk-ro
Seongbuk-gu, Seoul, 02880, KOREA
phone 82 2 7474 001, fax 82 2 736 5047

ISBN 979-11-7307-185-0

책값은 뒤표지에 표시되어 있습니다.

차례

트렌드와 소비

트렌드는 소비를 통해서 형성된다. 소비(consume)라는 영어 단어에는 '태워 없앤다'라는 의미가 있는데, 소비(消費)라는 한자어 소(消)에도 '사라지게 한다'는 뜻이 있다. 동서양 관계없이 어원적으로 보면 소비는 '태워 없애거나', '사라지게 한다'는 부정적 의미를 담고 있다. 상품과 서비스는 전통 사회에서 제한적으로 생산되었기 때문에 절약을 미덕으로, 소비는 억제해야 하는 것으로 생각되었다. 대량 생산이 이루어지면서 소비 개념은 비로소 부정적 의미에서 벗어나기 시작했다.

대량 생산은 언제부터 시작되었는가. 이 문제와 관련해서 소비 역사학자들은 18~19세기 산업혁명 이후부터라고 의견의 일치를 보인다. 유럽 국가들마다 경제 성장의 차이가 있지만, 산업혁명 이후 옥양목, 도기(陶器), 가구, 포크와 나이프, 직물 등 새로운 상품들을 구입할 수 있는 '유행병의 광기'가 영국을 휩쓸었다(McKendrick, et al., 1982). 프랑스에서는 1889년과 1900년 파리 박람회가 대중 소비를 이끄는 환경이었으며, 백화점과 견본 시장의 발

전이 결정적 공헌을 했다(Williams, 1982). 백화점과 박람회는 소비를 이끄는 계기가 되었다.

소비 혁명은 상품을 통한 '지위 경쟁(status game)'을 조금씩 무너뜨렸다. 전통 사회에서 상품의 소비는 지위를 보여 주는 상징적 도구였다. 엘리자베스 1세 시대 영국에서는 '사치금지법'이 있어서 평민이나 하층 출신이 지나치게 화려한 옷을 입으면 처벌을 받았다(McCracken, 1996). 신분의 지위를 파괴한다고 간주되었기 때문이다. 처벌이 있었다고 하더라도 하층 출신들이 상층이나 귀족을 모방하는 태도는 줄어들지 않았다.

초기 산업 자본주의는 생산의 기계화를 통해서 상품을 만들고, 소비가 확대되었다고 하더라도 노동 분업이나 전력 같은 에너지를 통해서 상품을 대량 생산하지 못했다. 산업혁명이 생산의 혁명을 만들었지만, 소비 사회로 이끌지는 못했다.

대량 생산과 대량 소비가 이루어진 것은 1920년대 포드주의 이후다. 질 리포베츠키(Gilles Lipovetsky)는 소비 자본주의를 1단계(1880년대~1945년), 2단계(1950년대~1970년대), 3단계(1980년대~현재)로 분류한다(Lipovetsky, 2009).

1단계에서는 브랜드 기반으로 경제가 성장하기 시작하면서 대형 상점이 생겨났다. 코카콜라, 아메리칸 타바코,

하인즈, 프록터 앤드 갬블 등은 대표적인 브랜드 상품이었다. 포드주의가 확대되면서 표준화된 제품이 대량 생산되었다. 이 시기에 내구재는 거의 모든 계층에 널리 퍼졌다.

소비 자본주의의 2단계인 1960년대 서구 사회는 놀라운 경제 성장, 노동 생산성 향상, 포드주의 경제 체제의 확장, 자동화로 인한 '풍요한 사회(affluent society)'(Galbraith, 2006)가 되면서 유행과 트렌드가 소비에서 중요해졌다. 풍요한 사회가 행복한 사회인가에 대한 질문은 별도로 하더라도, 대중이 물질적 풍요로부터 소비를 확장했던 것은 분명했다. 풍요한 사회는 기술, 투자, 경제 팽창으로 생산량을 증가시키면서, 수요에 맞는 생산이 아닌 생산을 위한 생산과 광고 등을 통한 과소비를 만들어 냈다. 대중은 표준화된 상품으로부터 차별적인 상품 구매에 관심을 갖게 되었다.

소비 사회는 욕구와 욕망을 자극하는 마케팅을 확대했다. 수많은 소비 이미지, 화려한 바캉스, 명품 소비의 과시와 자기만족, 매혹적인 소비 기호나 성적 기호들, 비물질적 행복의 가치 등은 마케팅, 광고, 트렌드와 복잡하게 얽히면서 새로운 소비 욕망을 만들어 냈다. 생산자는 상품과 서비스를 생산할 뿐만 아니라 광고, 선전을 통해 소비자의 욕망을 창출했다. 존 케네스 갤브레이스(John

Kenneth Galbraith)는 욕망과 소비가 생산에 의존한다는 것을 '의존 효과(dependence effect)'라고 불렀다. 소비자가 왕이 아니라 생산자가 왕이라는 뜻이다.

1960년대 트렌드 용어가 일반적으로 사용된 것은 과잉 생산으로부터 과잉 소비로 전환되던 시기와 맞물려 있다. 소비의 욕망은 대중 일반으로까지 확대되었다. 과거 유행병의 광기가 특정 계급에 국한되었다면, 이제는 계급과 관계없이 과잉 소비는 일반화된 현상이 되었다. 상품의 소비는 사용 가치의 소비를 포함하지만, 그것을 훨씬 뛰어넘는다. 행복, 안락함, 풍부함, 성공 등도 소비에 포함되는데 소비의 본래 의미도 여기에 있다. 소비는 상품 본연의 기능이 아니라 상품을 통해 얻는 행복과 위세의 기호가 된다. 장 보드리야르(Jean Baudrillard)는 상징 기호로서 소비를 주장한다(Baudrillard, 1990). 상품의 소비는 차이를 만들거나 사회적 의미에 대한 욕구다. 과잉 소비 사회에서 상징 기호로서 소비는 중요해지고 있다.

소비 자본주의의 3단계는 지금 우리가 살고 있는 초개인화된 과잉 소비 사회다. 제품 혁신으로 상품의 사용 주기는 단축되고, 시장은 세분화되고 차별화된다. 핸드폰, 개인형 소형 컴퓨터, 디지털카메라 등 멀티미디어 장비와 디지털 네트워크 등이 연결되면서 생활 리듬의 개인화와 극단적 개인주의 소비가 이어지고 있다. 소셜 미디어(SNS)는 소비와 트렌드를 촉진하는 기제로 확장되고 있다. 극단적 개인주의 소비 사회는 각각 자신만의 물건을 지니고 그것을 마음대로 사용하면서 고유한 생활 리듬을 만들어 낸다. 초개인화된 과잉 소비 사회에서 트렌드는 새로운 상품 소비와 라이프 스타일의 방향을 이끄는 중요한 매개체가 되고 있다.

소비 가치와 소비 유형

대중은 다양한 소비 행위를 보여 준다. 우리는 살아가는 데 꼭 필요한 의식주를 비롯해서 필수적인 상품을 구입한다. 이것은 필요 소비다. 쌀을 산다거나 옷을 사는 행위가 필요 소비다. 필요 소비는 필수적이지만, 쌀값도 옷값도 모두 다르다. 존 메이너드 케인스(John Maynard Keynes)가 주장하듯, 소비는 자기 소득의 함수다. 소득이 높으면 소비도 늘어난다.

그러나 반드시 그런 것은 아니다. 소득과 관계없이 다른 사람이 특정 상품을 구매하면 따라 구입하고(전시 효과), 지금 소득이 낮더라도 과거 소득이 높았던 시절에 했던 소비 행위(톱니 효과)를 포기하지 못한다. 제임스 듀센베리(James Duesenberry)에 따르면, 소비는 나의 절대 소득에 영향을 받지만, 상대 소득에도 영향을 받는다.

상품의 가치는 사용 가치만 있는 것이 아니라 교환 가치나 상징 가치도 있기 때문에 우리는 필요에 의해서만 상품을 구매하는 것은 아니다. 쌀은 사용 가치는 높지만 교환 가치나 상징 가치는 낮다. 반면 다이아몬드는 사용 가치는 낮지만 상징 가치는 매우 높다. 경제적 관점에서 보면, 상징 가치가 높은 상품의 소비는 비합리적 과소비다. 그러나 이것을 과소비나 충동 소비라고 보는 것은 지나치게 단순한 사고다. 과소비는 일상의 화석화를 피하고 작지만 새로운 경험을 통해서 반복적 일상에서 벗어나게 해주기 때문이다. 과소비가 소비자에게 행복과 기쁨을 주고 자기만족감을 만들어 낸다면 개인에게 그 자체로 의미 있다. 소비를 윤리적 관점에서만 보아서는 안 되는 이유다.

그림 1은 소비의 사회적 · 개인적 영향이 어떻게 소비 가치와 소비 유형과 관련되는가를 프랑크 비그너론(Franck Vigneron)과 레스터 존슨(Lester W. Johnson)의 논의를 토대로 재구성한 것이다. 경제 문화적 관점에서 보면, 소비 가치와 소비 유형을 여섯 가지로 구분할 수 있다(Vegneron & Johnson, 1999). 모든 소비가 위의 여섯 가지 유형에 포함된다고 말하는 것은 아니다. 이 밖에도 필요 소비뿐만 아니라 다양한 소비 유형이 있다.

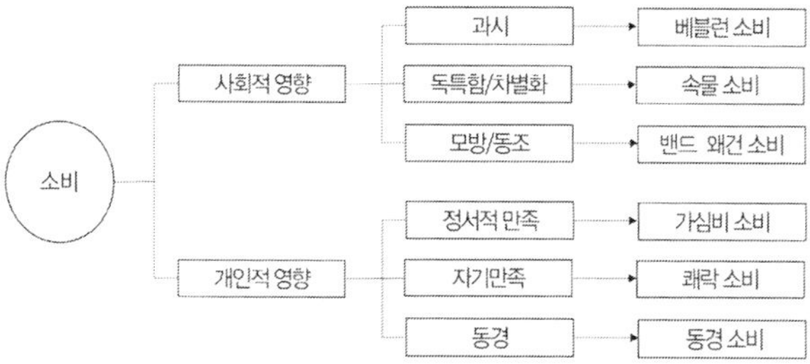

그림 1 소비 가치와 소비 유형

과시적 소비는 소스타인 베블런(Thorstein Veblen)이 주장하는 상층 계급의 소비 가치다(Veblen, 2018). 과시적 소비는 상층 계급의 소비 행위뿐만 아니라 라이프 스타일과 관련된 '과시적 생활'도 포함한다. 베블런은 유한계급의 소비 행위를 비판했지만, 계급의 관점이 아니더라도 과시적 소비는 여전히 유효하다. 오늘날 과시적 소비는 사회적 지위를 드러내기 위한 것보다 개인의 행복 추구와 만족감을 위한 것이다.

하비 레이번스타인(Harvey Leibenstein)은 베블런 효과(소비)와 대비되는 '밴드 왜건 효과(band wagon effect)'와 '속물 효과(snob effect)'를 경제적 관점에서 논의한다(Leibenstein, 1950). 일반적으로 가격이 오르면 수요는 감소한다. 반면 베블런 효과는 가격이 올라도 수요가 감소하지 않는다. 따라서 일반적 경제 논리로 설명하지 못하는데 이것은 '모방 소비' 혹은 '동조 소비' 때문에 발생한다.

레이번스타인은 가격이 급하게 오르면 수요가 극감하는 현상을 속물 효과라고 불렀다. 특정 소비자가 다른 사람이 소비하는 것을 구입하지 않는 차별화 소비 때문이다. 희소성을 추구하는 경향이 속물 효과를 만든다. 속물 효과는 사회 내에서 발생하는 차별적 소비다. 밴드 왜건 효과와 베블런 효과는 동일한 모방 소비로부터 나오지만 가격에서 차이가 있다.

베블런 효과가 가격이 높은 상황에서 나타나는 모방으로부터 발생한다면, 밴드 왜건 효과는 상품의 소비가 증가하면서 가격도 낮아진다. 일반적으로 일시적 유행은 밴드 왜건 효과와 관련된다. 베블런 효과, 밴드 왜건 효과, 속물 효과를 시간, 가격 그리고 수요라는 관점에서 간략히 보면, 그림 2로 나타낼 수 있다.

베블런 소비는 가격이 상승해도 수요가 증가한다. T1은 가격이 처음 형성된 시간인데 시간이 흐르면서 가격과 수요가 증가한다. 밴드 왜건 소비는 처음 수요가 적지만 시간이 흐르면서 가격이 낮아지고 수요도 증가한다. 반면

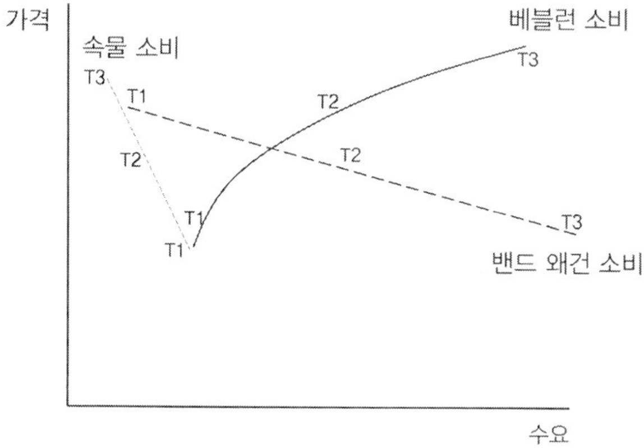

그림 2 베블런 소비, 밴드웨건 소비, 속물 소비(시간, 가격, 수용)

속물 소비는 처음부터 어느 정도 가격이 형성되어 있는데 시간이 흐르면서(T1에서 T3) 급속히 가격이 높아지고 수요도 줄어든다. 상품의 희소성 때문에 시간이 흐를수록 수요는 감소할 수밖에 없고 가격은 상승한다. 명품 한정판 소비는 속물 소비와 밀접히 관련된다.

소비의 사회적 영향과 관련해서 보드리야르는 '파노플리 소비(panoplie)'를 주장한다(Baudrillard, 1991). 파노플리 소비는 베블런 소비와 유사하다. 그것은 특정 집단(계급)이 연대감을 과시하기 위해서 특정 세트의 제품들을 소비하는 것이다. 보드리야르는 상품의 사용 가치가 아니라 상품의 상징적 가치를 주목했다. 상품의 상징적 가치는 특정 세트의 상품을 구매함으로써 자신을 돋보이게 하는 동시에 사회적 지위와 위세를 보여 준다. 하나의 명품만을 구입하는 것이 아니라 명품 세트(옷, 가방, 신발 등)를 구입하는 것이 파노플리 소비다. 이와 같은 소비 유형은 사회적 영향으로부터 발생한다. 왜냐하면 소득의 수준과 상대적 비교를 통해서 소비가 이루어지기 때문이다.

개인적 영향으로부터 나타나는 소비 유형으로 가심비 소비, 쾌락 소비, 동경 소비를 들 수 있다. 가심비 소비는 가성비 소비와 대비된다. 가성비 소비는 합리적 소비로 제품의 가격과 성능이 구매 요인이다. 그러나 가심비 소비는 가격 대비 마음의 만족을 추구한다. 성능이나 효용은 객관적인 표준을 따르는 것이 아니라, 소비자의 심리적 만족에 달려 있다. 가심비는 가성비에 주관적 · 심리적 특성을 반영한 개념이다(김난도 외, 2017).

쾌락 소비는 가심비 소비와 유사하지만, 가성비를 고려하지 않는다는 점에서 다르다. 쾌락 소비는 전적으로 주관적 자기만족을 통해서 이루어진다. 흔히 '충동구매로 사다'라는 표현으로 쓰는 지름신, 시발 비용, 탕진잼 같은 용어들은 어감의 차이는 있지만 넓게 보면 쾌락 소비와 관련이 있다. 동경 소비는 과시적 소비와 유사하지만, 사회적 과시가 아니라 자신에 대한 과시에 속하기 때문에 개인적 영향을 받는 소비 유형이다. 게다가 동경 소비는 과시적 소비와 달리 소비 빈도가 낮다. 자신의 자존감을 위한 소비지만, 소득의 한계 때문에 자주 동경 소비를 하기 힘들다.

체험 소비

초개인화된 과잉 소비 사회는 두 가지 측면에서 진행된다. 하나는 과거부터 이어져 온 물질주의 욕망이고, 다른 하나는 비물질주의 욕망이다. 자본주의는 인간의 삶에서 물질이 가장 중요하다는 물질주의 이데올로기를 구성해 냈다. 행복하게 해 주는 것은 돈이므로 돈을 많이 벌어서 원하는 것을 소비하는 것이 중요하다고 생각되는데, 이것은 자본주의 사회를 살아가는 사람들이 갖는 일반적 생각이다.

그렇지만, 다른 한편으로 비물질주의 욕망도 급부상하고 있다. 물질에 대한 소비만으로 행복에 도달하는 것은 아니다. 데이비드 리스먼(David Riesman)은 "초기 인구 감소의 국면에서 '여가 경제(leisure economy)'가 중요해진다"(Riesman, 1999: 180)고 예측했는데, 바로 취향의 폭이 확대되면서 나타나는 비물질적 소비에 대한 전망이었다.

리스먼의 예측력은 지금의 상황에서 보면 놀랍다. 우리 사회는 이미 인구 감소의 시기에 접어들었고, 여가 경제는 급속히 증가하고 있다. 리스먼이 여가 경제를 충분히 설명한 것은 아니지만, 지금은 상품의 소비 경제보다 비물질적 상품을 소비하는 체험 경제의 규모가 커져 가고 있다. 리스먼이 말한 여가 경제는 체험 경제를 의미한다.

오늘날 대중은 단순히 상품을 구매하거나 물질을 소유함으로써 사회적 우위를 차지하고 있다고 생각하지 않는다. 오히려 더 나은 삶을 체험하게 해 주는 상품이나 서비스를 선호한다. 비물질적 소비는 감정적이거나 감각적이며 신체적이고 미학적인 관계를 중요시한다는 점에서 물질주의 소비와는 다르다.

모리스 홀브룩(Morris Holbrook)과 엘리자베스 허시먼(Elizabeth Hirschman)은 '체험 소비(experience consumption)'이라는 말을 처음 사용했다(Holbrook & Hirschman, 1982). 이들은 소비의 경험적 측면으로 환상, 재미, 감성을 추구하는 현상에 주목했다.

조셉 파인(Joseph Pine)과 제임스 길모어(James Gilmore)는 '체험 경제(experience economy)'라는 용어를 사용하면서 대중의 체험이 현대 사회의 소비에서 얼마나 중요한가를 강조한다(Pine & Gilmore, 1998). 체험 경제론의 핵심은 소비자가 더 이상 단순한 상품과 서비스를 구매하려고 하지 않는 것이다. 소비자는 자신의 기억에 남고 오감을 불러일으키는 감각적 경험을 소비하기 원한다. 파인과 길모어는 경제 가치가 농업 경제, 산업 경제, 서비스 경제, 체험 경제로 진화하고 있다고 설명하면서 체험 마케팅의 중요성을 말한다.

맥주의 예를 들어 보자. 1차 상품(commodities)은 개인이 맥아로 직접 가정에서 맥주를 만드는 것으로 농경 사회의 생산 양식이다. 맥주 회사가 맥주를 만드는 것은 제품(goods)으로 표준화되고 제조된 것으로 산업 경제의 생산 양식이며, 서비스는 레스토랑이나 술집에서 소비자가 원하는 맥주를 마시는 것이다. 마지막으로 체험 경제는 개인이 맥주 제조 공장을 방문하거나 맥주와 맞는 페어링을 통해서 자신만의 경험을 만드는 것이다. 2020년 이후 페어링이 트렌드 키워드가 된 이유도 바로 자신만이 느끼는 맛의 체험에 있다.

파인과 길모어는 대중 시장의 시대는 끝났고, 미래의 성공은 소비자가 기꺼이 대가를 지불할 수 있는 맞춤화 전략이 필요하다고 말한다. 소비자는 상품을 구입하는 것이 아니라 최고의 체험을 구매하고자 하기 때문이다.

지금은 물건을 파는 것에서 체험을 파는 것으로 시장의 법칙이 변화하고 있다. 소비 시장에서 체험 경계가 확장되며 경험이 모든 경제 활동의 핵심 요소가 되고 있다. 적극적으로 몸을 움직여 체험하거나 오감을 자극하는 경험을 일종의 놀이로 생각하는 사람들이 늘고 있다. 이제 제품이나 서비스만으로는 소비자의 마음을 사로잡기 힘들어졌다.

유통 공간은 테마파크로 변신해 소비자의 일상생활을 아우르는 접점에서 브랜드 경험을 할 수 있는 놀이터를 제공하고 있으며, 작은 오프라인 매장들은 미술관이나 전시관이 되기도 하고 취미 생활의 공간을 제공하며 고객들을 불러 모은다. 가상 현실이나 증강 현실 기술로 소비자에게 지금껏 없었던 새로운 경험을 제공하는 공간도 속속 등장한다.

체험 경제 트렌드는 시장이 성숙하면서 나타나는 자연스러운 진화 과정이기도 하지만, 재미와 경험을 중시하는 세대가 그 진화에 가속도를 붙이고 있다(김난도 외, 2017). 최근 들어, 팝업 스토어, 테마파크, 복합 문화 공간, 지역 축제, 여행, 전시회 등의 방문은 상품의 소비 판매보다 빠르게 증가하고 있다. 체험이 곧 경쟁력이 되는 시대다.

체험 소비가 급증하고 있다고 하더라도, 물질의 소비가

줄어드는 것은 아니다. 여전히 상품의 소비를 통한 일시적 유행이나 트렌드가 만들어지고 있으며, 동시에 체험을 통한 트렌드가 증가하고 있다. 소비가 감정과 정서와 맞물리면서, 개개인의 기대, 취향, 행동을 바탕으로 하는 감각적인 안락함을 추구하는 경향이 증가하고 있다.

이와 같은 트렌드의 변화는 두 가지 요인으로 발생한다. 하나는 디지털 전환에 따른 라이프 스타일의 변화다. 디지털 전환은 기업의 시장 장벽을 제거하고 있으며, 대중은 스마트폰 등을 활용하면서 자신의 경험을 SNS에 올린다. 기술을 통한 인간 경험의 변화가 체험 소비를 확대하고 있다. 디지털 기술은 라이프 스타일의 메가 트렌드를 만들어 내는 요인으로 작용하고 있다.

또 다른 요인은 '풍요의 역설(혹은 이스털린의 역설)'이다. 미국 경제학자 리처드 이스털린(Richard Easterlin)은 미국의 GDP(국민 총생산)는 꾸준하게 상승했지만, 미국인의 행복감은 증가하지 않았다는 것을 실증적으로 밝혔다. 경제 수준은 삶의 질이나 행복과 비례하지 않거나 반비례한다는 것이다. 대중은 상품 구매나 자기 과시만으로 행복한 삶을 누리고 있다고 생각하지 않기 때문에 체험을 통한 즐거움을 추구하는 경향이 높아진다.

대중은 인간관계를 원활하게 해 주는 경험이나 사적인

시공간의 연결을 통해서 가치를 만들고, 감각적 체험에서 얻는 오락적 가치를 명예의 가치보다 중요하게 생각한다. 체험 소비는 감각적인 안락함을 제공하고, 자기 정체성을 형성하는 데 이바지한다. 맛집을 찾아다니는 미각 노마드나 팝업 스토어에서 새로운 경험을 즐기거나 각각의 관심사에 따른 취향 공동체를 형성하며, 여행이나 축제에 참여하는 것 등은 체험 소비와 관련된 트렌드다.

이 책의 구성

이 책은 트렌드의 원리를 논의한다. 경제와 경영, 소비문화, 라이프 스타일 등에 이르기까지 트렌드라는 용어는 다양하게 사용된다. 매년 9월에서 11월 사이 트렌드 관련 책들은 이듬해 트렌드를 예측하면서 연례행사처럼 쏟아지고 있다. 대체로 일시적 유행이나 마이크로 트렌드의 흐름을 예측한다. 그러나 트렌드가 어떻게 정의되어야 하고, 어떻게 확산하며, 사회 심리나 문화와 어떻게 관계되는가 하는 본질적인 질문은 거의 제기되지 않았다. 일시적인 트렌드 현상을 파악하는 데 집중하기 때문이다. 따라서 이 책은 트렌드의 원리를 경제, 사회학, 심리학, 문화 이론 등 다양한 관점에서 제시할 것이다.

1장은 트렌드란 무엇인가라는 근본 질문에 대한 대답

이다. 트렌드 용어가 변화하는 과정을 살피고 일시적 유행과 트렌드의 차이를 밝힌다. 2장에서는 지속 시간과 동조 범위라는 요인을 통해서 메가 트렌드, 매크로 트렌드, 패드, 마이크로 트렌드를 논의한다. 3장과 4장은 모방 욕망과 차별화를 기준으로 트렌드의 개인적, 사회적 심리 현상을 살펴본다. 5장은 유행의 선도자인 트렌드세터(trend setter)를 통해 누가 트렌드의 흐름에 영향을 미치는가를 검토하면서, 얼마나 다양한 트렌드세터들이 하나의 상품이나 라이프 스타일의 유행에 관여하는가를 허시파피의 사례를 통해서 논의한다. 6장은 트렌드가 확산하는 경로와 확산 모델로 티핑 포인트, 신제품의 채택을 예측하는 경제학자 배스의 이름을 딴 배스 확산 모델 그리고 로저스의 개혁에 대한 채택자 유형을 제시한다. 7장은 트렌드의 변화 과정으로 청바지와 '혼자'의 라이프 스타일 사례를 통해서 트렌드가 공진화하는 방식을 살펴보고, 트렌드가 어떻게 순환적으로 반복하면서 변화하는가를 설명한다. 8장은 트렌드와 취향의 관계를 취향 공동체를 통해서 검토하고, 9장은 세대가 어떻게 트렌드에 개입하는가를 설명한다. 마지막 10장에서는 상반성의 원리로서 역트렌드를 논의한다.

이 책을 통해서 트렌드에 대한 기초 지식을 얻고, 트렌드를 파악하고 예측하는 데 도움을 받게 되기를 기대한다.

참고문헌

김난도 외(2017). 『트렌드 코리아 2018』. 미래의창.

Baudrillard, J.(1970). *La société de consommation.* Denoel. 이상률 옮김(1991). 『소비의 사회: 그 신화와 구조』. 문예출판사.

Galbraith, J. K.(1958). *The Affluent Society.* Houghton Mifflin. 노택선 옮김(2006). 『풍요한 사회』. 한국경제신문.

Holbrook, M. & Hirschman, E.(1982). The Eexperiential aspects of consumption, consumer fantasies, feeling and fun. *Journal of Research*, 9(2). pp. 132~140.

Leibenstein, H.(1950). Bandwagon, snob vs Veblen effects in the theory of consumers' demand. *Quarterly Journal of Economics*, 64, pp. 183~207.

Lipovetsky, G.(2006). *Le bonheur paradoxal.* Gallimard. 정미애 옮김(2009). 『행복의 역설: 과소비사회의 소비심리를 분석한 미래사회 전망 보고서』. 알마.

McKendrick, N., Brewer, J., & Plumb, J. H.(1982). *The Birth of a Consumer Society: The Commercialization of Eighteen-Century England.* Bloomington: Indiana University Press.

McCracken, G.(1988). *Culture and consumption: New approaches to the symbolic character of consumer goods and activities.* Indiana University Press. 이상률 옮김(1996). 『문화와 소비: 소비재와 소비 행위의 상징적인 성격에 대한 새로운 접근』. 문예출판사.

Pine, J. & Gilmore, J.(1998). Welcome to the experience economy. *Harvard Business Review*, 76(4). pp. 97~105.

Riesman, D.(1969). *The lonely crowd.* Yale University Press. 이상률 옮김(1999). 『고독한 군중』. 문예출판사.

Veblen, T.(1899). *The theory of the leisure class.* Macmillan. 임종기 옮김(2018). 『유한계급론』. 에이도스.

Vegneron, F. & Johnson, L.(1999). A review and a conceptual framework of prestige-seeking consumer behavior. *Academic of Marketing Science Review.* https://www.ams-web.org/page/OriginalAMSR/Articles/Vegneron01-1999.pdf(09.10.2010).

Williams, R.(1982). *Dream worlds: Mass consumption in late nineteenth century France.* Berkeley: University of California Press.

01

트렌드란 무엇인가

트렌드는 일정 범위의 소비자들이 일정 기간 동조하는 변화된 소비 가치다. 트렌드가 되려면, 일정 범위 소비자의 스타일이나 취향이 집단의 스타일과 취향으로 수렴되어야 한다. 일정 기간은 트렌드의 지속 시간이다. 변화된 소비 가치는 트렌드가 상품의 인기에 국한되기보다 폭넓은 가치와 라이프 스타일의 변화를 의미한다. 트렌드가 작동하는 내적 논리가 집단의 욕망과 취향이라면, 외적 논리는 경제, 사회 가치, 기술과 같은 사회 환경의 변화다.

트렌드 용어의 진화

트렌드 용어는 1960년대부터 일반적으로 쓰이기 시작했다. 그러나 이전에도 트렌드 용어는 사용되었다. 1936년 영국의 디자인과 산업연합(Design and Industries Association)은 ≪트렌드(Trend)≫라는 잡지를 창간했다. ≪트렌드≫는 산업과 디자인 분야에서 새롭게 출시되는 상품이나 디자인, 상품 개발을 중점적으로 다루었다.

통계학자나 경제학자들도 제한적으로 트렌드 용어를 사용해 왔다. 이들은 트렌드를 '방향을 틀다'라는 의미로 활용했다. 트렌드는 통계학에서 '곡선의 방향'을 의미한다. 통계학자는 종종 곡선의 방향이 분명하지 않을 때, 트렌드라는 용어를 사용했다. 곡선의 움직임이 올라간다거나 내려간다면(곡선의 모양에 따라서 각 방향이 긍정적일 수도 있고, 부정적일 수도 있다), 곡선의 방향을 통해 전망이 밝다거나 어둡다고 말한다. 이것은 경제학자도 마찬가지다. 경제의 흐름에서 변곡점이나 임계점을 경제 지표를 통해서 밝히면서 경제 상황을 전망해 왔다(Vejlgaard, 2008).

1960년대 패션업계가 봄/여름, 가을/겨울 상품을 출시하면서 트렌드를 본격적으로 언급했다. 그러자 미디어가 이 용어를 확산시켰다. 1960년대는 서구 사회가 '생산의 사회'에서 '소비의 사회'로 전환되던 시기였다. 이 시기 트렌드가 폭넓게 쓰이기 시작했다는 것은 소비 사회의 전환과 분리하여 설명할 수 없다. 트렌드는 패션으로부터 가구, 전자 제품, 자동차 등으로 확대되었다. 트렌드는 상품 생산자와 마케팅의 관점에서 신제품과 유행으로 이해되었다.

존 나이스비트(John Naisbitt)는 『대변혁의 물결(Megatrends)』(1982)에서 1980년대 사회적 맥락 속에서 우리의 삶을 변화시키는 새로운 방향성을 제시했다. 그의 저서가 세계적으로 베스트셀러가 되면서 메가 트렌드가 폭넓게 받아들여졌다. 나이스비트가 메가 트렌드를 명확히 정의한 것은 아니었지만, 그는 세상을 바꾸는 거대한 물줄기를 메가 트렌드로 규정했다. 나이스비트는 정보 사회, 고도 기술 사회, 세계 경제 체제, 지방 분권 체제, 다원주의 사회로의 변화를 메가 트렌드로 보았다. 그는 대략 10년 정도의 기간을 설정해서 세상이 어떻게 변할 것인지 예측했다.

마크 펜(Mark Penn)과 키니 잘레스네(Kinney Zalesne)는 메가 트렌드나 세계적 현상만으로 세상을 이해할 수 없다는 점을 지적하면서 '마이크로 트렌드(microtrends)' 개념을 제시했다. 펜과 잘레스네는 마이크로 트렌드를 "열정적인 주체성 집단"(Penn & Zalesne, 2008: 28)으로 정의했다. 이들은 분파적이고 다원화된 사회에서 빠르게 변화하거나 때로 엇갈린 방향으로 움직이는 라이프 스타일을 이해하려면 열정적인 주체성 집단을 파악해야 한다는 점을 강조했다. 마이크로 트렌드는 특정한 취향 집단이나 하위문화(subculture) 집단의 라이프 스타일이나 소비 행태를 의미했다.

트렌드 용어는 패션계로부터 시작되었지만, 특정 집단과 더불어 동시대 사람들의 라이프 스타일 전반에 유행하는 것으로 확장되었다. 메가 트렌드가 글로벌의 시각에서 거시적 경제, 정치, 환경, 인구 등의 변화로 나타나는 현상이라면, 마이크로 트렌드는 일시적으로 나타났다가 사라지는 집단의 스타일과 취향이다. 대중의 취향이 세분화되면서 마이크로 트렌드는 갈수록 중요해지고 있다.

트렌드의 정의

트렌드는 "일정 범위의 소비자들이 일정 기간 동조하는 변화된 소비 가치"(김난도 외, 2017)다. 트렌드는 '변화의 방향 혹은 동향'이고, 트렌드가 되려면 '일정 범위의 소비자들'이 있어야 한다. 소비자들은 소수 집단이거나 다수의 집단일 수 있다. 일정 범위의 소비자가 있으면서 개인의 스타일이나 취향이 집단의 스타일과 취향으로 수렴해야 한다. '일정 기간'은 트렌드의 지속 시간이다. 트렌드는 유효성에 한계가 있으므로 짧은 기간에 인기를 끌었다가 사라질 수도 있고, 지속성을 유지할 수도 있다. '변화된 소비 가치'는 트렌드가 한 상품의 인기에 국한되기보다 폭넓은 가치의 변화를 반영해야 한다는 것이다.

소비자의 스타일과 취향의 선택이 어떤 방향으로 변화한다면, 트렌드는 개인의 욕망(과시, 동조, 즐거움, 모방 등)이 작동해서 만들어진 집단의 스타일과 취향이다. 여기서 문제는 개인의 스타일이나 취향이 어떻게 변화되는가다. 어느 정도 시간이 흐른 후 비로소 변화가 일어났다는 것을 아는 경우가 대부분이다.

변화의 불확실성을 고려하면, 트렌드는 '집단의 자의(collective arbitrariness)'(Erner, 2010: 45)다. '집단의 자의'는 트렌드가 특별한 이유 없이 나타났다가 또 별다른 이유 없이 사라진다는 것이다. 다수의 개인이 협의를 거치지 않고 벌인 행동의 결과로 트렌드가 부상하기도 한다. 사회 문화적 관점은 이와 같은 정의를 받아들이지 않는다. 왜냐하면 트렌드 형성의 동기나 이유를 개인적 심리나 우연적인 것으로 바라보기 때문이다. 그렇지만 특별한 색이 일시적으로 유행한다거나 단맛이나 매운맛이 유행하는 경우라면, '집단의 자의'가 트렌드를 만든다고 볼 수 있다. 트렌드가 반드시 사회 문화적 변동 속에서 나타나는 것은 아니기 때문이다.

맛, 색, 향기 등과 같이 특별한 이유가 있어서가 아니라 "그냥 좋아서", "다른 사람들도 좋아하기 때문에"라고 한다면, 왜 트렌드가 되었는지 인과 관계를 찾기 어렵다. 맛, 색, 향기 등은 비기능적 트렌드와 관련되어 있는데, 주거 공간, 자동차, 첨단 제품과 같은 기능적 트렌드 상품과는 다르다. 비기능적 트렌드는 취향의 변화로 뚜렷한 변화 동기를 찾기 어렵다.

예를 들어, 2010년대 중반 우리 사회에서 단맛이 유행했다. 2014년 허니버터칩이 히트 상품이 되면서 허니마일드, 허니통통, 허니콘칩 등 유사 제품들이 쏟아졌다. 칵테일 소주(순하리, 좋은데이 컬러 시리즈, 자몽에 이슬 등)도 인기를 끌었다. '슈가보이'로 불리는 백종원이 등장해서 트렌드세터로서 확산에 이바지했을 수도 있고, 불안한 현실 속에서 스트레스 해소를 위해서 위로 감각인 단맛이 유행했다고 말할 수도 있다.

그러나 얼마 지나지 않아 마라탕이 관심을 끌기 시작했으며, 2017~2019년 마라탕 전문 음식점은 폭발적으로 늘어났다. 단맛에서 매운맛으로 변화했다. 마라탕은 중국에서 1990년대 인기를 끈 음식이었지만, 2010년대 중반까지 한국에서 인지도는 낮았다. 조선족이 많은 동네 중의 하나인 대림동에서조차 한국인은 마라탕을 즐겨 먹지 않았다. 그러나 2010년대 중반 중국 유학생들을 대상으로 전문 음식점이 늘어나고, 청년 여성층을 중심으로 인기를 끌면서 대학가나 주요 번화가에 마라탕 프랜차이즈 식당이 늘어났다. 마라탕이 인기를 끌면서 탕후루도 등장했다. 매운 마라탕을 먹은 후 후식으로 단맛의 탕후루를 사 먹는 '마라탕후루'가 일시적 유행이 되었다.

허니버터칩과 같은 단맛의 트렌드는 스트레스 해소를 위해서 인기를 끌었다고 말할 수는 있지만, 당시 경제 상황이 나쁜 편이 아니었고 사회 변동이 심하게 나타난 것도 아니었다. 스트레스가 경제 상황이나 급격한 사회 변동만으로 발생하는 것은 아니지만, 단맛의 트렌드를 사회적 맥락 속에서 설명하기 어렵다. 게다가 비슷한 시기에 매운맛으로 변하는 취향도 논리적으로 기술하기 어렵다. 트렌드의 변화는 개인과 집단의 심리적 요인으로부터 성공적인 마케팅, 트렌드세터의 역할, 사회 환경적 요인에 이르기까지 복합적인 요인들이 만들어 낸 결과이기 때문이다.

그렇다면 우리는 트렌드를 인간의 욕망, 취향, 비즈니스 권력, 사회 구조의 집합체로 규정할 수 있다. 트렌드가 작동하는 내적 논리가 욕망과 취향이라면, 외적 논리는 경제와 기술과 같은 사회 환경의 변화다. 여기에 지속 시간이라는 시간적 요인이 개입한다. 내적 논리로서 욕망과 취향은 개인적 · 집단적 심리와 맞물려 있으며, 외적 논리로는 사회 변동(경제 변화, 인구 변화 및 팬데믹과 같은 역사적 사건)과 기술 변화가 가장 중요한 요인이다.

일시적 유행과 트렌드

트렌드와 유행은 거의 같은 의미로 사용된다. 그러나 소비 사회학자들은 트렌드보다 유행이라는 말을 사용하는 반면, 트렌드 분석가들은 둘 사이를 구분한다. 트렌드 분석 관점에서 보면, 둘 사이에 차이도 존재한다. 어떤 것이 유행한다고 할 때, 특정 상품을 지칭하는 경우가 대부분이다. 또한 유행은 지속성을 갖기보다는 일시성을 지닌다. 일시적 유행은 특정 상품에 대한 단발적 성격을 띠며 지속성이 낮은 편이다. 허니버터칩(2014), 흑당 버블티(2019), 탕후루(2023) 등은 일시적 유행이다. 여전히 이들 상품을 즐기는 사람들이 적지 않지만, 인기 있던 시점과 비교하면 영향력이 낮은 편이다.

상품뿐만 아니라 탄수화물 다이어트, 저지방 다이어트 등 다양한 다이어트 방법이나 몸매를 가꾸는 운동법 등도

일시적으로 유행했다가 사라진다. 일시적 유행은 특정 기간에만 유행하며, 대체재가 등장한다.

트렌드와 일시적 유행의 차이는 원인, 영향력 그리고 시간의 지속성에 있다. 트렌드는 개인이나 소규모 집단이 원하는 것이 아닌, 사회의 전반적 대세가 가리키는 방향이다. 트렌드는 사회 전반에 광범위한 방향 전환을 가져오고, 생활 양식, 태도, 취향 등 개인의 삶에도 직접적인 변화를 초래한다.

일시적 유행은 특정 브랜드가 주도한다거나 계절 혹은 이벤트에 국한되는 등 오랜 시간 유지되지 않는다. 결과적으로 유행은 그다음의 행동에 큰 영향을 미치지 못하며, 이후의 유행은 이전 유행과 크게 관련이 없는 형태로 나타난다(안성민, 2019).

일시적 유행은 패드(fad), 크레이지(crasy), 레이지(rage), 하이프(hype), 마니아(mania) 등으로 불린다. 다수의 사람에게 일시적으로 인기가 있는 것이 패드라면, 소수의 사람에게 일시적으로 나타나는 현상은 크레이지나 레이지다. 패드나 크레이지보다 좀 더 긴 시간 유행하면 하이프다. 하이프는 원래 '관객을 사로잡다', '과대 선전하다' 등의 뜻을 가진 단어지만, 다수가 열광하는 행태를 의미하기도 하므로 일시적 유행을 뜻한다. 마니아는 소수의 사람이 지속해서 관심을 가질 때 쓰는 용어다. 마니아가 트렌드가 되지 못하는 이유는 다수로 확대되지 못하는 경향이 있기 때문이다.

트렌드는 개인과 집단의 욕망과 취향의 결합체로서 일정 기간 경제나 기술 등 거대 패러다임의 영향을 받으면서 변화하는 소비 가치다. 트렌드는 라이프 스타일의 변화와도 밀접히 관계되지만, 일시적 유행은 라이프 스타일이나 소비 가치를 변화시키지 못한다. 일시적 유행은 드물게 트렌드로 변화해서 확대될 수도 있다. 일시적으로 유행했던 시점에는 단기적 유행인 것처럼 보였지만, 소멸하지 않고 라이프 스타일을 변화시키는 동인으로 작용할 수 있다. 때때로 일시적 유행은 트렌드의 시작점이 되기도 한다.

참고문헌

김난도 외(2017). 『트렌드 코리아 2018』. 미래의창.

안성민(2018). 『미세유행 2019』. 정한책방.

Erner, G.(2009). *Sociologie des tendances.* Que Sais Je. 권지현 옮김(2010). 『파리를 떠난 마카롱』. 리더스북.

Naisbitt, J.(1982). *Megatrends: Ten new directions transforming our lives.* Warner Books, Inc.. 한국경제신문 외신부 옮김(1983). 『대변혁의 물결』. 동광출판사.

Penn, M. & Zalesne, K.(2007). *Microtrends: The small forces behind tomorrow's big changes.* Hachette Book Group.

안진환 · 왕수민 옮김(2008). 『마이크로트렌드: 세상의 룰을 바꾸는 특별한 1%의 법칙』. 해냄.
Vejlgaard, H.(2008). *Anatomy of a trend*. McGraw-Hill. 이진원 옮김(2008). 『트렌드를 읽는 기술』. 비즈니스북스.

02

트렌드의 유형

트렌드는 지속 시간과 동조 범위에 따라서 마이크로 트렌드, 패드, 매크로 트렌드, 메가 트렌드로 분류된다. 마이크로 트렌드가 특정 집단에서 단기적으로 유행하는 것이라면 패드는 일시적 유행이지만 집단의 범위가 넓다. 매크로 트렌드는 5년 정도 지속하는데 라이프 스타일의 변화와 밀접히 관계된다. 메가 트렌드는 10년 이상 지속되는 장기적 트렌드다. 메가 트렌드는 경제, 기술, 자본과 산업의 변화로 나타나는데 미래 사회에 큰 영향을 미친다.

지속 시간과 영향력

트렌드의 유형은 지속 시간과 동조 범위에 따라 마이크로 트렌드, 패드, 매크로 트렌드, 메가 트렌드로 분류할 수 있다(김난도 외, 2009, 그림 2-1 참고). 지속 시간은 트렌드가 나타나서 유지되는 시간으로 대체로 짧게는 6개월에서 1년 이내, 1~2년, 5년 내외, 10년 이상으로 구분된다.

반면 동조 범위는 두 가지 측면에서 파악된다. 하나는 집단의 크기이고, 다른 하나는 영향력의 정도가 특정 집단에 국한되는가 아니면 전체 대중과 관련되는가다. 메가 트렌드는 장기간에 걸쳐 나타나는 세계적 현상에 가깝고, 매크로 트렌드는 5년 내외 사이에 나타나는 라이프 스타일의 변화다. 패드는 1~2년 내의 유행이고, 마이크로 트렌드는 단기간에 특정 집단에서 수시로 나타나는 유행이다.

트렌드의 지속 시간이나 동조 범위가 명확히 구분되는 것은 아니다. 유행은 상품의 종류가 무엇인가 아니면 라이프 스타일인가에 따라 지속 시간이 달라지기 때문이다. 패션은 계절적 요인으로 인해서 지속 시간이 짧을 수밖에 없다. 먹태깡이나 탕후루 같은 식품은 지속 시간이 1년 이내지만, 화장품은 지속 시간이 1~2년 걸리며, 전자 제품은 3~5년 기간이 필요하다. 단순히 지속 시간만으로 패드와 마이크로 트렌드를 구별하기는 어렵다.

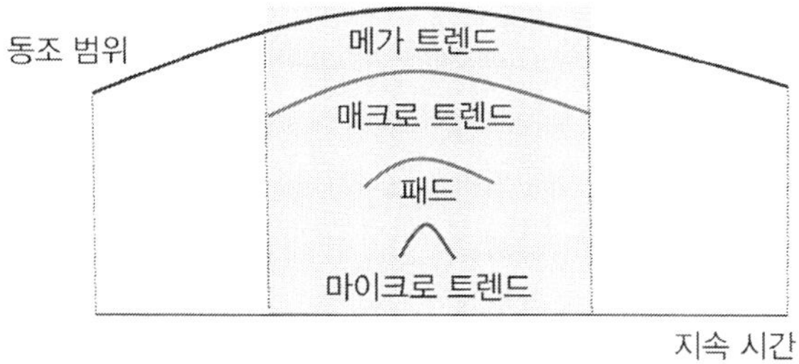

그림 2-1 트렌드의 유형: 지속 시간과 동조 범위

동조 범위도 마찬가지다. 특정 상품이 특정 세대(Z세대)에만 인기를 끄는데 단기간이 아니라 장기적으로 인기를 끌 수가 있다. 이 경우 패드라고 봐야 하는지 마이크로 트렌드라고 봐야 하는지 모호하다. 그렇지만 특정 집단에 인기 있는 단기적 유행은 마이크로 트렌드로, 1~2년 대중적으로 인기가 있다면 패드로 보는 것이 적절하다.

메가 트렌드와 매크로 트렌드

메가 트렌드는 존 나이스비트가 1982년 처음 언급하면서 사용되었는데, 10년 정도의 기간이나 또는 장기적으로 30년 이상 변화를 이끄는 거대한 흐름이면서 영향력이 매우 큰 트렌드다. 메가 트렌드는 미래의 사회, 경제, 문화 등에 큰 영향을 미칠 수 있는 흐름의 방향이다. 메가 트렌드는 국가, 기업, 개인 차원의 장기적 미래 전략을 결정하기 위한 기초 자료로 활용된다.

메가 트렌드를 이끄는 여러 요인이 있다. 우선, 역사적 변동이나 외상적 사건을 들 수 있다. 제2차 세계대전이 끝난 후 소비 사회로의 전환이나 코로나 사태로 인해서 확대되는 IT 기술을 통한 비대면 접촉의 확대가 메가 트렌드다. 비대면 접촉의 확대는 재택근무와 같은 직장 생활, 일자리의 변화, 원격 의료와 원격 교육, 쇼핑, 여가 생활 등의 변화를 불러왔다.

현재 메가 트렌드를 이끄는 가장 큰 요인은 기술의 변화다. 대표적으로 디지털 전환을 들 수 있다. 고도화된 디지털 기술의 요소들(IoT, 클라우드, 빅데이터, 인공지능 등)은 산업, 유통, 금융, 제조업, 교육, 제조업, 물류, 미디어에 이르기까지 산업 전반을 변화시킨다.

나이스비트는 메가 트렌드를 '우리의 삶을 바꾸는 10년의 새로운 흐름'으로 바라보면서 1990년 세기말 대변혁으로 세계 경제의 호황, 예술의 부흥, 생명 공학, 여성 지도자의 시대, 문화적 민족주의 등을 제시했다(Naisbitt, 1997). 비록 그가 10년의 새로운 흐름이라고 말했지만, 메가 트렌드는 30년 이상 영향을 미칠 수 있는 패러다임의 변화다. 메가 트렌드는 단지 경제와 산업에 국한되는 것이 아니라 민주주의 제도, 예술, 문화, 젠더 등과 관련해서도 폭넓게 진행된다.

매크로 트렌드는 경제, 기술, 인구 변화 등과 관련해서 5년 정도 지속하는 변화다. 우리가 일반적으로 말하는 트렌드가 바로 매크로 트렌드다. 트렌드가 한 사회 내에서 여러 영역으로 확산하려면 적어도 2~3년이 걸린다.

매크로 트렌드는 한 상품의 유행을 말하는 것이 아니라, 취향이나 스타일의 변화와 관련되어 있다는 점에서 라이프 스타일과 밀접한 관계를 맺는다. 매크로 트렌드의 예로 웰빙과 힐링 트렌드를 살펴보자. 2010년 중반부터 힐링이 유행했다. 힐링이 유행하기 전에는 웰빙 열풍도 있었다. 웰빙은 물질적 풍요보다 정신적 여유를 찾는 삶의 태도다. 일상을 구속하는 스트레스를 극복하고, 자연과 조화를 이루면서 마음의 평화를 얻는 것이 목적이다. 그러나 웰빙 정신은 사라지고 웰빙 마케팅과 트렌드가 부상했다. 웰빙 열풍은 몸의 마케팅과 다를 바가 없었다. 유기농 채소와 곡식, 식물성 천연 재료로 만든 조미료, 삼림욕장, 한방 치료와 여행을 함께 하는 웰빙 투어 등이 인기를 끌었다.

웰빙 트렌드가 약해지는 시점에 힐링 트렌드가 등장했

다. 대중은 몸의 마케팅에서 정서의 편안함을 추구했다. 힐링은 다양한 분야에서 라이프 스타일의 변화를 이끌었다. 〈힐링캠프〉(2011~2017), 〈삼시세끼〉(2015~2020), 〈효리네 민박〉(2017) 같은 예능 프로그램이 인기를 끌었고, 에코 힐링이 나오면서 느림과 순례를 통한 자기 찾기가 유행했다. 올레길, 둘레길, 황톳길 등이 만들어지고 자연으로부터의 힐링이 유행하고 있다. 경험 힐링으로 일상 속의 작은 행복을 추구하는 경향이 생겨나면서 골목 투어(망리단길, 송리단길, 쌍리단길 등)가 인기를 끌었다. 맛집 투어도 힐링 트렌드가 유행하면서 급속히 증가하고 있다.

패드와 마이크로 트렌드

패드와 마이크로 트렌드는 서로 명확히 구분되지 않는다. 패드와 마이크로 트렌드의 특징은 짧은 기간 동안 급속히 인기를 얻었다가 정점에 도달한 이후 곧바로 인기를 잃는다는 것이다. 따라서 패드와 마이크로 트렌드를 결정짓는 요소는 인기의 급격한 하락이다(Best, 2006).

2013년 놈코어(normcore)가 등장하면서 평범하면서 자유로운 스타일이 유행했다. 놈코어는 '평범함'을 뜻하는 normal과 '제한 없는'을 의미하는 hardcore의 합성어로 자유로움을 추구하는 패션 트렌드다. 놈코어는 내가 원하는 것을 격식 없이 표현하거나 남의 눈치를 보지 않고 있는 그대로를 추구하는 힙스터 감성과 맞물리면서 변주로 유스 놈코어(youth normcore)도 나왔다. 스트리트 패션(street fashion)이나 트랙 슈트(추리닝)도 놈코어와 유사한데 함께 유행했다. 이 경우 놈코어의 유행은 패드로, 놈코어의 변주인 스트리트 패션이나 트랙 슈트는 마이크로 트렌드라고 볼 수 있다.

패드는 상품이나 패션뿐만 아니라 다이어트(새로운 섭식법이나 체중 감량 방법), 새로운 투자 방법, 자녀 교육법, 질병 치료법 등에서도 자주 등장한다. 2024년 저속 노화가 대중의 관심을 끌었다. 2030세대의 만성 질환 환자가 중장년층보다 빠르게 증가하고 있기 때문에 젊은 세대가 저속 노화에 관심을 가졌다. 저속 노화는 의료계에서 나온 패드다. 경영, 투자, 건강, 비즈니스 등에서도 패드는 계속 등장한다.

마이크로 트렌드는 특정 집단에서 나타나는 단기적 유행이다. 그러나 펜과 잘레스네는 특정 집단에서 나타나는 중기적 유행을 마이크로 트렌드로 보았다(Penn & Zalesne, 2007). 그들은 세상의 변화를 결정하는 메가 트렌드는 무너지고 있다고 주장한다. 우리 모두를 휩쓸어

가는 몇 개의 메가 트렌드는 더 이상 의미 없다는 것이다.

> 우리는 마이크로 트렌드의 세계에 살고 있다. 사소해 보이지만 의외로 강력한 힘을 발휘하는 인간의 행동 패턴들이 세상을 움직인다. 그 패턴들이 서로 영향을 주고받으면서, 그것도 보통은 서로 반대 방향으로 작용하면서 세상을 굴려 나간다. 우리는 이렇게 강력한 패턴들을 '마이크로 트렌드'라 명명했으며, 세상에는 수많은 마이크로 트렌드가 존재한다(Penn & Fineman, 2018: 14).

펜과 잘레스네는 75개 집단의 인간관계, 직장 생활, 라이프 스타일 등에 걸쳐 나타나는 마이크로 트렌드를 밝히고 있다(Penn & Zalesne, 2007). 미국에서 주중 수면 시간이 여섯 시간 미만인 인구가 증가하고 있는데, 이들은 '단시간 수면족'이다. 생수 소비가 늘어나고 있지만, 고농도 카페인 음료 소비도 늘어난다. 레드볼과 같은 에너지 드링크를 즐기는 사람들은 '카페인광'이다. 인간관계의 분화로 '모바일 배우자'가 늘어나고 이혼이 확산하면서 연하남과 데이트하는 여성이 증가하고 있다.

펜과 잘레스네가 말하는 특정 집단은 전체 인구수의 1% 정도(미국의 경우 약 300만 명)에 지나지 않지만, 변화를 일으키는 동력이다. 그러나 이들 집단의 마이크로 트렌드를 단기적 유행으로 보기는 어렵다. 왜냐하면 라이프스타일이나 인간관계 등의 변화와 관계되기 때문이다. 우리가 일반적으로 말하는 마이크로 트렌드는, 펜과 잘레스네가 언급한 것처럼 특정 집단의 중기적 변화를 의미하기보다는 특정 집단의 단기적 유행을 가리킨다.

영상 엔터테인먼트 산업 종사자 64인에게 2023년 트렌드를 물었을 때 가장 많은 답변은 "트렌드가 없는 것이 트렌드"가 될 것이라는 전망이었다(≪씨네 21≫). 이것이 말하는 바는 소비자의 분화된 요구에 맞춘 마이크로 트렌드가 대세가 될 것이라는 의미다. 마이크로 트렌드조차 세분화되기 때문에 트렌드를 찾기가 힘들어진다. 개개인이 접하는 알고리즘이 너무 다르기 때문에 같은 또래라고 하더라도 각자의 취향에 따라 트렌드라고 생각하는 것이 분화되고 있다. 트렌드 격차가 같은 세대 안에서도 발생한다. 서재경(2023)은 마이크로 트렌드가 대세가 되는 이유는 상반된 트렌드가 시차 없이 유행하는 경우가 증가하고(Y2K 패션이 인기가 있으면서 동시에 올드머니 룩이 부상하는 현상), 인플루언서가 만드는 트렌드가 늘어나며, SNS 트렌드가 빠르게 변하기 때문이라고 말한다.

마이크로 트렌드 집단의 규모는 더욱 작아지는 경향이

있다. 과거 비주류를 구성하는 집단의 수는 작았지만, 현재에는 그 수가 급속히 증가하고 있다. 그만큼 개인의 취향과 스타일이 세분화되고 있다. 따라서 현재 트렌드 연구의 중심은 패드나 마이크로 트렌드로 향하는 경향이 있다.

참고문헌

서재경(2023.10.11). "이게 왜 트렌드?" 마이크로트렌드 시대에 대비하는 법. 캐럿.

송경원(2023.2.2). 2023년 다가올 영상 콘텐츠 트렌드 핵심 다섯 가지 키워드. ≪씨네 21≫.

Best, J.(2006). *Flavor of the month: Why smart people fall for Fads.* University of California Press. 안진환 옮김(2006). 『댓츠 어 패드』. 사이.

Naisbitt, J.(1982). *Megatrends: Ten new directions transforming our lives.* Warner Books, Inc.. 한국경제신문 외신부 옮김(1983). 『대변혁의 물결』. 동광출판사.

Naisbitt, J. & Aburdene, P.(1990). *Megatrends 2000:* Ten new directions for the 1990's. William Morrow & Co.. 김홍기 옮김(1997). 『메가트렌드 2000』. 한국경제신문.

Penn, M. & Zalesne, K.(2007). *Microtrends: The small forces behind tomorrow's big changes.* Hachette Book Group. 안진환 · 왕수민 옮김(2008). 『마이크로트렌드: 세상의 룰을 바꾸는 특별한 1%의 법칙』. 해냄.

Penn, M. & Fineman, M.(2018). *Microtrends squared: The new small forces driving today's big disruptions.* Simon & Schuster. 김고명 옮김(2018). 『마이크로트렌드 X』. 더퀘스트.

03

트렌드와 심리 I

트렌드의 내적 논리는 모방, 과시, 차별화, 동일시 등과 같은 심리적 요인이다. 지멜과 베블런은 유행에 대한 모방 욕구와 차별화를 계급 관계에서 바라보았다. 이들은 하층은 모방 소비를 통해서 상층의 생활 방식을 따르기 때문에, 유행은 언제나 상층에서 발생한다고 주장한다. 유행과 관련된 또 다른 심리적 요소는 전이 효과다. 이것은 현실과 이상(동경)의 거리를 상품 소비를 통해서 메우면서 '지금 여기에서' 나의 이상을 현실화하려는 심리적 태도다.

모방 욕구와 차별화

트렌드의 내적 원리는 모방, 과시, 동일시 같은 심리적 요인이다. 게오르크 지멜(Georg Simmel)과 베블런은 유행에 대한 모방 욕구와 차별화 같은 심리적 요인을 계급 관계에서 바라보았다. 이들은 어떻게 상층이 차별화를 만들어 내며, 하층이 상층의 생활 방식을 모방하는지 설명했다.

> 유행은 모방이라는 점에서 사회에 대한 의존 욕구를 충족시킨다. 다시 말해 유행은 개인을 누구나 다 가는 길로 안내한다. 다른 한편 유행은 차별화 욕구를 만족시킨다. 다시 말해 구분하고 변화하고 부각하려는 경향을 만족시킨다. 이는 유행의 내용이 변화되면서 현재의 유행은 어제나 내일의 유행과 다른 개별적 특징을 갖게 된다는 사실뿐 아니라, 유행이 언제나 계층적으로 분화된다는 사실에도 입각한다. 상류층의 유행은 그보다 신분이 낮은 계층의 유행과 구분되고 낮은 신분의 계층에 의해 동화되는 순간 소멸된다는 사실도 이를 입증해 준다(Simmel, 2005: 57).

지멜은 하층은 '사회에 대한 의존 욕구'를 충족하기 위해 상층을 모방하고, 상층은 '구별 짓기(distinction)'를 통해 차별화한다고 주장한다. 지멜에게 유행은 계층 차이의

산물이다. 유행은 그가 속한 집단과 신분의 명예, 취향 등을 대변하고 유지하게 만드는 한편, 동등한 위치에 있는 계층 집단과의 결합을 의미하며 그보다 낮은 계층에 대한 차별화다. 상층은 의복, 음식, 사교 형식, 미적 판단 등 자신들을 표현하는 일체의 양식을 만들어 낸다. 이들은 하층과 자신을 구별 짓는다. 하층은 상층 지향적이므로 모방 소비를 통해서 상층의 생활 방식을 따른다. 이런 점에서 지멜은 유행이 언제나 상층에서 발생한다고 말한다.

베블런은 지멜과 유사한 관점을 보여 준다. 유한계급은 "생산 노동은 무가치하다는 관념에 따라 게으른 생활을 누릴 수 있다는 금력의 증거로서 시간을 비생산적으로 소비하는 집단"(Veblen, 2018: 57)이다. 유한계급은 '과시적 생활(준예술적 · 학문적 활동, 스포츠 등)'과 '과시적 소비(사치품이나 의복이나 애완동물 기르기 등)'를 통해서 하층과 차별화한다. 과시적 생활이 그들만의 예법, 교양, 격식, 규범과 관련되어 있다면, 과시적 소비는 사치품 소비와 연결된다.

유한계급은 애완용 조류나 경주마 등과 같은 동물을 과시적 소비 품목으로 생각하며 찬미한다. 애완동물 기르기는 돈을 버는 일이 아니므로 과시적 유용성을 지닌다. 경주마를 소유하는 것은 하층이 따라 할 수 없으므로 다른 동물을 소유하는 것보다 과시적이다.

유한계급이 금전을 과시하는 대표적 상품은 의복이다. 에나멜가죽 구두, 리넨 양복, 실크해트 등의 차림새는 유한계급의 품위를 높여 준다. 값비싼 의복 착용자는 상대적으로 많은 돈을 쓸 수 있다는 것을 과시할 뿐만 아니라, 생산적인 활동을 하지 않고도 소비한다는 사실을 입증한다.

유한계급이 값비싸게 지불하는 상품의 소비는 부의 증거가 되고 명예로운 것이 된다. 반면 질적으로나 양적으로 규범 기준에 미달하는 소비는 열등감과 결핍의 징표다. 유한계급은 예법과 생활 양식(음식과 음료의 맛과 조리법 등), 지적 능력, 심미적 능력을 높이는 데 시간과 비용을 지불한다. 품위 있는 생활 양식은 유한계급의 취향이나 구별 짓기다. 유한계급의 예절과 품위 있는 생활 양식은 과시적 소비와 맞물려 있다.

지멜과 베블런의 함의는 유행의 확산을 사회적 맥락에서 위치 지음으로써 유행이 어떻게 사회 체계와 접합되는가를 보여 준 것이다. 또한 유행의 변화가 계급(혹은 집단들) 사이에서 진행되는 방식을 설명해 준다. 유행의 관찰자(하층)가 다른 집단(상층)의 변화를 따라간다는 것은 유행을 예측할 수 있게 해 준다. 이와 같은 함의에도 불구하고 지멜과 베블런의 논의에는 적지 않은 문제점이 있다.

지멜과 베블런은 계급이라는 경제적 관점에서 모방과 차별화를 바라보면서 이것들의 모순적 동기가 양립한다는 것을 보여 주었지만, 이들의 계급적 관점이 오늘날에 유용한 것은 아니다. 그들이 살았던 생산과 계급의 시대에는 적절할 수 있겠지만, 지금은 과잉 소비 사회이며 계급의 이미지보다 개인의 이미지를 위해 개성과 취향이 표현되기 때문이다.

젠더, 세대, 취향 집단, 유행의 선도자 등에 이르기까지 너무나 많은 요인이 트렌드와 소비에 개입한다. 상층은 더 이상 유행의 선도자가 아니다. 유행의 선도자나 트렌드세터는 인기 연예인, 인플루언서, 유명인, 일반 대중에 이르기까지 다양하다. 이들이 계급적으로 상층에 속한 것도 아니다. 더욱이 미디어나 SNS는 유행과 트렌드의 매개 요인으로 작용한다. 베블런이나 지멜이 가정하는 위로부터 아래로 내려오는 '낙수 효과(trickle-down)' 혹은 유행의 수직적 확산은 일부 경우에만 유용하다.

과잉 소비 사회에서 취향과 스타일은 계급을 구별하는 요인이 되지 못한다. 취향 집단들은 세대, 젠더, 인종, 지역, 취향 공동체를 중심으로 세분화되어 있을 뿐만 아니라, 각각의 집단은 새로운 유행 현상을 자기의 것으로 전유하는 능력을 지닌다. 유행과 스타일을 만들어 내는 집단마다 사회적 차이는 존재하겠지만, 그 차이가 경제적 지위에 의해서 규정되지도 않는다. 그렇다고 모방 욕구와 차별화라는 심리적 동기가 트렌드를 이해하는 데 무의미한 것은 결코 아니다. 계급이라는 경제 관계로만 환원하지 않는다면, 모방과 차별화는 여전히 스타일과 유행을 바라보는 출발점을 제공한다.

데이비드 리스먼은 미국인 생활 양식의 변화를 '동조성의 양식(mode of conformity)'(Riesman, 1999: 85)이라는 관점에서 설명한다. 그는 사회가 민주화되면서 대중은 점점 더 닮아 가는 경향을 보이기 때문에 구별 짓기가 어려워진다고 주장한다. 이 과정에서 더 많은 취향의 구별 짓기가 만들어지고 동시에 대중은 동조성을 추구한다. 여기서 구별 짓기는 차별화이며 동조성은 서로에 대한 모방이다.

리스먼은 현대 사회의 성격을 '타인 지향형' 유형으로 정의하는데, 이 유형의 특징은 개인의 지향을 결정하는 것이 동시대성이라는 것이다. 타인 지향형 인간은 동시대인들에 의해 공유되는 가치에 주의를 기울이며 소비에 참여한다. 대중은 모방 욕구의 다른 측면인 동시대성을 따라간다. 대중이 유행에 민감한 이유가 바로 이 때문이다. 대중은 유행의 변화에 뒤떨어지는 것을 피하려고 노력하면서 새로운 유행을 빨리 받아들이는 경향이 있다. 과잉 소비 사회에서 대중은 모방 욕구와 동조성을 통해서 동시대성을 따라가면서 차별화하는 생활 양식을 보여 준다.

전이 효과

유행이나 트렌드와 관련해서 생각해 볼 수 있는 또 다른 심리적 요소는 '전이 효과(displacement effect)'다. 전이 효과는 현실과 이상(동경)의 거리에서 그 간극을 좁히는 효과로 '지금 여기에서' 나의 이상을 현실화하려는 심리적 태도다(McCracken, 1996). 현실과 이상의 간극을 메우는 것은 상품이나 다양한 소비 행위로 나타난다.

우리는 누구나 이상적 삶을 꿈꾼다. 각자가 꿈꾸는 이상적 삶은 다양하겠지만, 일반적으로 말하면 사람들은 행복하게 살기를 원하며 여유롭게 생활하고, 많은 돈을 벌면서 남들에게 멋지게 보이고 싶어 한다.

지멜과 베블런은 하층이 상층의 생활 방식을 동경하는 모방 욕구를 강조했지만, 오늘날 트렌드나 유행은 상층의 삶을 모방하는 데 있지 않다. 과잉 소비 사회의 특징은 경제적 지위를 과시하는 데 있는 것이 아니라 개인의 경험을 풍부하게 함으로써 삶의 질을 향상하는 데 있다. 대중은 사회 경제적 가치보다 자아의 행복감이나 안락함을 중요하게 생각한다. 전이 효과가 말하는 현실과 이상(동경) 사이의 간극 메우기(gap filling)는 대중이 이상적이거나 동경하는 것을 지금 여기의 현실 속으로 실현하는 것이다(그림 3-1 참고). 과잉 소비 시대에서 전이 효과를 명백하게 보여 주는 것이 명품 소비다.

명품은 값비싸고 희소성이 있으면서 상표의 위신(威信) 효과를 지닌다. 과거 명품의 소비는 계급적 지위를 보여 주는 기호였다. 그러나 지금 명품을 구매한다고 해서 자신의 계급적 지위가 올라가는 것은 아니다. 오히려 명품 소비는 자아의 행복감과 안락감을 주는 과시적인 기호의 효과를 지닌다.

리포베츠키와 엘리에트 루(Elyette Roux)는 개인주의적 행복감과 감각에 대한 과시를 '감정적 사치'(Lipovetsky & Roux, 2018: 56)로 정의한다. 명품에 대한 열망은 타인에게 멋져 보이거나 선망을 불러일으키고 과시하고 싶어 하는 욕망이 작용하지만, 동시에 자기 자신을 즐기고 싶어 하는 욕망, 자신의 삶에 대한 만족, 내면적 감정을 우선시하면서 스스로 우월감을 느끼게 만든다. 대중은 타인에게 선망의 대상이 되고 멋지게 보이고 싶어 하는 이상(동경)으로부터 '지금 여기에서' 삶에 대한 행복감을 추구한다. 명품 소비는 다른 상품의 소비보다 상대적으로 전이 효과

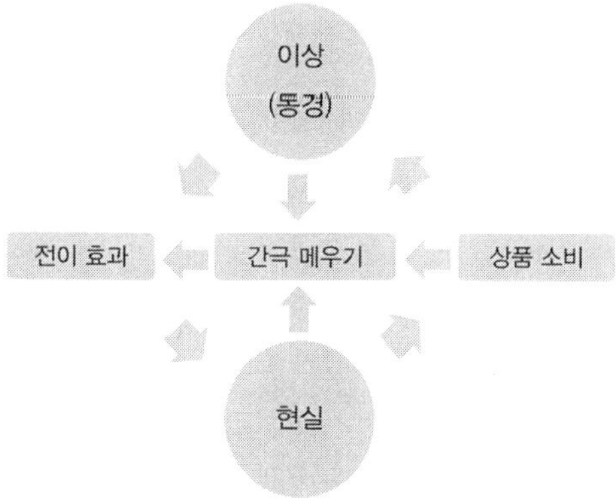

그림 3-1 상품 소비와 전이 효과

가 크다.

전이 효과가 명품 소비에서만 나타나는 것은 아니다. 대중은 평범한 일상생활에서 이상적 라이프 스타일이나 로망을 실현하고자 한다. 2020년경 그릭 요거트와 그래놀라가 유행하기 시작했다. 시리얼에 우유를 부어 먹는 것보다 그릭 요거트와 그래놀라, 여기에 블루베리를 섞으면 멋진 아침을 시작하는 느낌이다. 건강에도 좋을 뿐만 아니라 자신에 대한 만족감이 높아지며, 사진을 찍어 인스타그램에 올리면 상징적 효과도 있다. 유럽풍의 라이프 스타일과 로망이 아침부터 나의 일상에서 시작하는 것이다.

전이 효과는 일상의 연속성과 초월성이라는 관계 속에서 형성된다. 대중은 계급적 이상이 아니라 자신의 일상과 체험 속에서 동경하는 라이프 스타일을 일상의 연속성으로 끌고 내려와서 자신만의 행복을 만든다. 타인의 평가가 아니라 자신에 대한 평가를 우선시하는 신개인주의적 논리가 전이 효과를 통해서 소비와 라이프 스타일에서 지배적으로 작동한다.

참고문헌

Lipovetsky, G. & Roux, E.(2003). *Le Luxe Eternal.* Luxe Limited. 유재명 옮김(2018). 『사치의 문화』. 문예출판사.

McCracken, G.(1988). *Culture and consumption: New approaches to the symbolic character of consumer goods and activities.* Indiana University Press. 이상률 옮김(1996). 『문화와 소비: 소비재와 소비 행위의 상징적인 성격에 대한 새로운 접근』. 문예출판사.

Riesman, D.(1969). *The Lonely Crowd.* Yale University Press. 이상률 옮김(1999). 『고독한 군중』. 문예출판사.

Simmel, G.(1895). *Zur psychologie der mode: Soziologische studie.* 김덕영 · 윤미애 옮김(2006). 『짐멜의 모더니티 읽기』. 새물결.

Veblen, T.(1899). *The theory of the leisure class.* Macmillan. 임종기 옮김(2018). 『유한계급론』. 에이도스.

04

트렌드와 심리 II

상품 소비에서 나타나는 동일시와 차별화는 사회적 수준에서 토테미즘과 개인주의를 형성한다. 토테미즘이 개인이 상품과 맺는 집단적 관계라면, 개인주의는 상품 소비를 통한 차별화된 즐거움이나 만족감이다. 개인주의는 과잉 소비 사회에서 나타나는 특징 중의 하나인 쾌락주의를 낳는다. 의미나 가치를 중시하는 삶이 사라진 대신 상품 소비나 체험 소비를 통해서 '지금 그리고 여기'의 욕망을 우선시하는 쾌락주의가 자리 잡고 있다.

트렌드와 거울 단계

상품은 언제나 소비자에게 약속한다. 상품은 소비자의 문제를 해결해 주거나 즐거움이나 만족감을 준다. 또한 개인적 · 집단적 정체성도 만들어 낸다. 소비한다는 것은 스스로 '매혹을 만드는 과정'(Berger, 1972: 131)에 참여하는 것이다. 매혹의 과정은 심리적 수준에서 동일시와 차별화의 방식으로 진행된다.

그렇다면 어떤 심리적 과정에서 상품이 소비되는지 자크 라캉(Jacques Lacan)의 '거울 단계(mirror phase)'를 적용해 볼 수 있다. 거울 단계는 아이가 언어를 배우기 이전에 형성된다. 아이는 손이나 발 등 자신의 육체가 하나로 구성되어 있다는 것을 인지하지 못한다. 아이는 거울을 통해 보이는 자신이나 어머니를 자기로 인식한다. 아이는 거울 단계에서 자아와 타자의 구별이 없으므로 '이상적 자아(ideal ego)'를 자기로 인식한다. 동시에 아이는 이상적 자아가 자신이 아니라는 것도 점차로 알게 된다.

> 거울 단계는 하나의 드라마다. 그것의 내적 추진력은 불충분함으로부터 선취를 향해 급작스럽게 나아간다. 그리고 이 드라마는 공간적 동일시의 미끼에 사로잡힌 주체에게, 조각난 육체 이미지로부터 그것(육체)의 총체성의 형태로

표 4-1 소비와 거울 단계

사회적	토테미즘	개인주의
심리적	동일시	차별화

순차적으로 이어지는 환상을 만들어 낸다(Lacan, 1977: 4).

거울 단계에서 "내적 추진력은 불충분함으로부터 선취를 향해 급작스럽게 나아간다"라는 뜻은 아이가 자신의 육체를 조각난 것으로 경험했다가 자신이 바라보는 거울이나 어머니를 통해 자신의 육체가 하나라는 통일성을 인식하는 것이다. 이것이 일차적 동일시다. 그러나 아이는 나이가 들면서 언어 규범(상징계)이나 사회 규범(현실계)이 지배하는 현실에서 이차적 동일시를 경험한다. 이차적 동일시는 사회적 관계 속에서 형성된다.

표 4-1은 소비와 거울 단계를 보여 준다. 우리는 상품을 소비할 때 동일시와 차별화를 동시에 경험한다. 화장품을 산다고 가정해 보자. 내가 그 화장품을 사용하면, 모델처럼 아름다워질 수 있다는 동일시가 발생한다. 화장품의 모델은 '이상화된 나(ideal ego)'가 된다. 반면 내가 화장품을 사용한다고 하더라도 나와 모델은 다르다는 것도 안다.

명품을 샀을 때도 마찬가지다. 명품이 이상적 나를 의미하지는 않지만, 내가 그 명품 옷을 사서 입었을 때, 멋지거나 부유해 보이는 이상적 자아를 경험한다. 이것은 상품이 소비자에게 만들어 내는 동일시의 과정이다. 그렇다고 해서 내가 현재의 경제적 위치를 망각하는 것이 아니므로 명품을 구입했다고 해서 내가 상류층이 되지 못한다는 것도 안다. 이것이 차별화의 과정이다. 차별화는 명품을 소비하는 나와 명품을 소비하지 못하는 타인을 구별 짓는다. 여기서 중요한 것은 심리적 과정에서 나타나는 동일시와 차별화가 어떻게 사회적 관계 속에서 자리를 잡는가 하는 점이다.

토테미즘과 개인주의

일차적 동일시가 사회적 관계로 나아가면 이차적 동일시, 토테미즘이 되고, 일차적 차별화가 사회적 관계로 진행되면 이차적 차별화, 개인주의가 된다(표 4-1 참고). 토테미즘은 개인이 소비 상품과 맺는 집단적 관계라면, 개인주의는 개인 자체의 차별화된 즐거움이나 만족감이다.

토테미즘은 한 개인이 특정 상품을 소비함으로써 형성하는 집단 정체성이다. 토템의 토대는 계급이거나 세대일 수도 있고 특정 상품일 수도 있다. 단순한 예로써 고급 승

용차는 그것을 소유하지 못한 사람과 차별화하면서 동시에 소유한 사람들 사이에서 공동체를 형성하게 해 주는 토템이다. 원시 사회에서 특정 동물이나 자연물로써 토템이 기능했던 것처럼, 오늘날에는 상품 자체가 토템이 된다.

특정 세대는 자신들만의 상품을 소비함으로써 토테미즘을 형성한다. 대학내일20대연구소(2023)는 Z세대의 소비 행태를 '트라이브십(tribeship)'으로 규정한다. "트라이브십은 자신의 지향성을 중심으로 수십 개의 작은 '트라이브(tribe)', 즉 부족을 형성하고 관계를 맺는 것, 자신과 주변을 연결하는 혈연, 학연, 지연을 뛰어넘는 새로운 공동체를 만드는 것이다. 이때 지향성은 개인이 만들고 가꾸는 정체성의 집합으로, 취향과 관심사를 넘어 성향, 가치관, 라이프 스타일을 포괄한다"(대학내일20대연구소, 2023). 트라이브십은 Z세대의 소비 부족주의라고 볼 수 있다.

Z세대는 취향, 관심사, 라이프 스타일 같은 개인의 지향성을 세분화함으로써 특정 브랜드에 집착하는 경우가 적지 않다. 예를 들어, 케이크를 주제로 한 의류 굿즈를 만드는 디망쉬나 다꾸 인플루언서들의 다양한 속지를 조합해 나만의 노트를 제작하는 문구 브랜드인 머쉬룸 페이퍼 팜을 선호하는 것이다. Z세대에게 특정 브랜드는 그들을

부족의 일원으로 만드는 토템이다.

어른 아이를 의미하는 키덜트(kidult) 문화는 X세대를 중심으로 2005년 전후부터 진화해 왔다(≪동아일보≫ 2005.9.10). 키덜트는 어른이 추구하는 재미, 유치함, 판타지 등의 가치를 보여 주는데, 일상생활에서 벗어나 감성적이고 즐거움을 추구하는 심리 상태에서 어린 시절의 환상을 통해서 정서적 안정과 스트레스를 해소한다. X세대는 아이언맨과 같은 로봇이나 탱크, 전투기 등 실물을 축소한 프라모델(plastic model)의 부품과 조립에 열중하거나 완제품을 구입하는데, 이것들 역시 이들에게 토템이 된다.

대중은 특정 상품이나 경험에 과몰입하거나 덕질을 통해서 토테미즘을 구성한다. 토템의 범위는 과시를 위한 상품에 국한되는 것이 아니라, 자신의 취향이나 관심사에 따라서 다양하며, 체험 소비도 토템이 된다. 고대 토템의 의미와 달리 지금의 토템은 고정된 것이 아니라 끊임없이 변화하며 재생산과 재소비된다.

토테미즘이 집단의 정체성과 동일시와 관련되어 있다면, 개인주의는 차별화된 소비와 연관된다. 개인주의 소비가 추구하는 것은 과잉 소비 사회에서 나타나는 특징 중의 하나인 쾌락주의다. 리포베츠키는 의미나 가치를 중시하는 삶이 사라진 대신 '지금 그리고 여기'의 욕구만을 우선시하는 오늘날의 세계를 쾌락주의 시대로 해석한다(Lipovetsky, 2009). 지금의 시대는 부유한 미래를 위해 현재의 희생을 강요하는 부르주아적 생산주의와 결별하고 이 순간의 육체적 즐거움과 온갖 축제, 황홀경을 중시하는 디오니소스의 시대라는 것이다. 대중은 달콤한 술과 맛있는 음식, 절정을 향한 욕망에 충실하고자 한다.

디오니소스는 인간들에게 풍요의 기쁨을 나눠 주고 쾌락뿐만 아니라 아무런 생각 없이 마음껏 즐기라고 부추기는 신이다. 과잉 소비 사회에서 대중은 디오니소스의 새로운 사도가 되어 즉흥적 감각, 육체의 즐거움, 현재의 쾌락을 숭배하는 새로운 라이프 스타일에 빠져든다. 지금 이 자리를 즐기는 카르페 디엠의 시대에 대중은 각자의 취향과 가치관에 따른 개인주의적 소비를 즐긴다.

맛집을 찾아다니는 맛집 노마드, 다양한 종류로 확장되는 축제의 부활, 골목 투어나 자기만의 덕질 문화 등은 개인주의적 소비를 극명하게 보여 준다. '한 번뿐인 인생(You only live once)'을 즐기며 살자는 욜로 라이프, 작지만 확실한 행복을 추구하는 소확행 등도 개인주의적인 쾌락주의의 소비를 반영하는 라이프 스타일이다.

참고문헌

김난도 외(2013). 『트렌드 코리아 2014』. 미래의창.

대학내일20대연구소(2023). 『Z세대 트렌드 트라이브십』. 위즈덤하우스.

동아일보(2005.9.10). "나 돌아갈래", 키덜트 문화, 순수미술 영화 개그까지 점령.

Berger, J.(1972). *Ways of Seeing*. London: Penguin Books.

Lacan, J.(1977). *Ecrits: A Selection*. London: Tavistock.

Lipovetsky, G.(2006). *Le bonheur paradoxal*. Gallimard. 정미애 옮김(2009). 『행복의 역설: 과소비사회의 소비심리를 분석한 미래사회 전망 보고서』. 알마.

05

트렌드세터

트렌드세터는 트렌드에 결정적인 영향을 미치는 사람이나 조직이다. 트렌드세터는 스타일이나 취향 면에서 개방적이면서 변화를 기꺼이 받아들이는 사람들이다. 트렌드세터는 대체로 주류 문화에 속해 있지만 하위문화 집단이 되기도 한다. 트렌드세터로서 인플루언서의 영향력은 커져 가고 있다. 허시파피의 사례는 얼마나 다양한 트렌드세터들이 유행에 영향을 미치는지 보여 준다.

트렌드 결정자들

스타일과 취향의 변화는 어느 순간 나타나서 대중을 변화시킨다. 여기서 질문은 누가 또는 어떤 요인이 유행을 주도하는가다. 트렌드 확산 과정에는 다양한 요인이 개입하는데, 그중 하나가 트렌드세터(trend setter)다. 트렌드세터는 트렌드의 확산에 큰 영향을 미치는 사람이나 조직이다.

> 트렌드 창조자가 만든 스타일이나 제품이 상용화될 경우 가장 먼저 그 제품이나 서비스를 사용하거나 구매하는 사람이 바로 트렌드세터다. 트렌드세터처럼 누군가가 실제로 새롭고 혁신적인 제품이나 디자인 또는 스타일을 사용하기 시작해야 비로소 그것이 확산할 가능성이 있다. 제품이나 서비스 사용을 누구보다 먼저 시도하는 사람들, 즉 트렌드세터들은 새롭고 혁신적인 제품과 디자인 그리고 스타일을 가장 먼저 받아들인다. 새로운 스타일이나 취향을 확산하는 데 중요한 요인 중의 한 가지는 트렌드세터들의 수용 여부다(Vejlgaard, 2008: 58).

트렌드세터가 트렌드에 얼마나 큰 영향을 미치는지 증명해 주는 사례는 매우 많다. 마이크로소프트, 애플, 구글,

오픈AI 등은 산업으로서의 트렌드세터다. 빌 게이츠와 마이크로소프트가 컴퓨터 산업에 미친 영향을 이루 말할 수 없으며, 스티브 잡스와 애플도 마찬가지다. 간단한 검색 방법을 제공하면서 인터넷의 강자로 떠오른 구글도 빼놓을 수 없다.

트렌드세터는 기업일 수도 있고, 개인이나 집단일 수도 있다. 기업은 트렌드를 마케팅 수단으로 생각하는 경우가 많아서, 직접 트렌드를 만들고 지원하는 방식으로 변화를 이끌어 간다. 기업은 소비자의 구매 결정에 영향을 미치는 데 그치지 않고 소비자를 의도한 방향으로 유도한다(Pillkahn, 2009: 222).

트렌드세터라고 하면 산업보다는 사람을 지칭하는 경우가 대부분이다. 트렌드 창조자와 트렌드세터는 다르다. 트렌드 창조자는 말 그대로 상품과 서비스를 처음 만든 사람이다. 트렌드 창조자는 이질적이면서 다양한 출신이 모인 지극히 작은 집단이나 개인으로 트렌드를 확산하는 일은 드물다. 산업이나 조직이 트렌드세터로서 트렌드를 이끌기도 하지만, 대부분 상품이나 스타일이 부상할 때는 다양한 유형의 트렌드세터들이 개입한다.

맬컴 글래드웰(Malcolm Gladwell)은 『티핑 포인트』에서 유행의 세 가지 법칙, 즉 소수의 법칙, 고착성의 법칙

(메시지가 흡인력을 갖고 있어서 사람들의 기억에 고착되어야 한다는 것), 상황의 법칙을 제시했다(Gladwell, 2020). 소수의 법칙은 유행하는 데 일부 사람들이 다른 사람들보다 더 중요하다는 것이다. 유행은 소수 사람들(트렌드세터)의 활동으로부터 시작한다. 그들을 일반인과 구별하는 특징은 그들이 얼마나 사교적인지, 얼마나 에너지가 넘치고 아는 게 많은지, 혹은 동료들 사이에서 얼마나 영향력이 있는지 같은 요소들이다. 글래드웰은 소수의 법칙에서 영향력을 행사하는 사람들을 커넥터, 메이븐, 세일즈맨으로 분류한다.

커넥터(connector)는 사람들 사이에서 정보를 전파하는 역할을 한다. 커넥터는 사회적 네트워크에서 다양한 인간관계를 통해 주도적으로 소통한다. 커넥터는 많은 사람들과 깊은 관계를 형성하며, 그의 친구들과 지인들은 다른 사회적 집단에 속해 있다. 커넥터는 자연스럽게 사람들 간의 교류를 촉진하고 다양한 제품과 정보를 효과적으로 전달함으로써 사회적 네트워크를 활성화한다. 메이븐(maven)은 특정 주제나 분야에서 높은 전문성을 지닌 사람들이다. 메이븐은 자신의 전문 분야에서 깊은 지식이나 풍부한 경험을 바탕으로 다른 사람들에게 정보를 제공하고 전문적인 조언을 한다. 세일즈맨(salesman)은 특정 제품이나 아이디어를 대중에게 성공적으로 전파하는 역할을 하는 사람이다. 세일즈맨은 단순히 제품을 판매하는 것 이상으로 제품이나 아이디어에 대한 열정과 설득력을 지닌다. 글래드웰이 말하는 커넥터, 메이븐, 세일즈맨은 트렌드세터라고 볼 수 있다.

그러나 트렌드세터가 글래드웰이 말하는 것처럼, 세 종류의 전파자만을 의미하지는 않는다. 트렌드세터는 더 복잡한, 다양한 종류의 사람들로 구성된다(그림 5-1 참고, Vejlgaard, 2008: 93). 트렌드세터는 대체로 주류 문화에 속해 있지만, 하위문화(subculture)를 추구하는 집단은 비주류 집단이다. 트렌드세터의 관계에서 헨릭 베일가드(Henrik Vejlgaard)는 인플루언서를 포함하지 않았지만, 트렌드세터로서 인플루언서의 영향력이 갈수록 커지고 있어서 필자가 추가했다.

상품이나 정보 제공, 구매 채널이 폭발적으로 증가하면서 수많은 선택지에 직면하게 된 소비자들은 새로운 소비 방식을 선택한다. 김난도 외(2023)는 과잉 소비에서 나타나는 추종 소비를 '디토(ditto) 소비'로 규정하는데, 디토 소비자가 가장 먼저 추종하는 사람은 인플루언서다.

인플루언서의 영향력과 관계성과 관련해서 흥미로운 사실은 나노 인플루언서(1만 명의 팔로워)가 전체 구독자

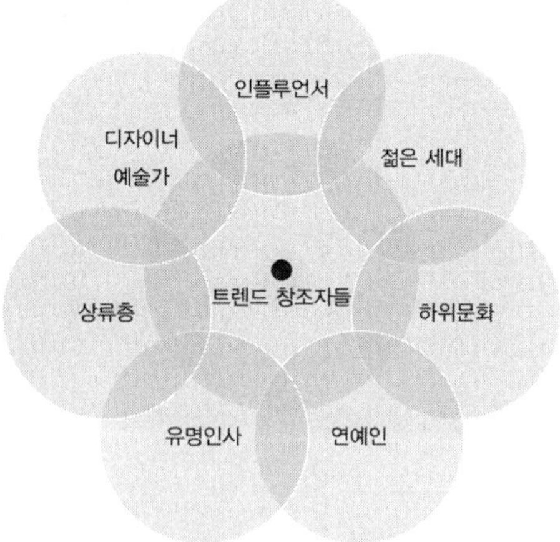

그림 5-1 트렌드세터의 관계

에 대한 도달률은 낮지만, 영향력이나 관계성에서 소비자와 더 긴밀한 관계를 맺는다는 것이다(김난도 외, 2023: 326~327). 나노 인플루언서는 비슷한 취향을 가지고 있는 소비자들에게 밀도 있는 호응을 이끌어 낼 수 있다. 트렌드세터로서 메가 인플루언서(100만 명 이상의 팔로워)는 인지도 확산이라는 측면에서 유용하지만, 특정 상품의 구매 전환은 마이크로 인플루언서(1~5만 명의 팔로워)나 나노 인플루언서가 적합하다.

트렌드세터의 복합성

트렌드세터는 스타일이나 취향 면에서 아주 개방적이면서 스타일의 변화를 기꺼이 받아들이는 사람들이다. 이들은 새롭게 선보이는 혁신적인 스타일에 열광하고, 그러한 스타일을 받아들이는 데 누구보다도 앞장선다. 그만큼 사회적 영향력이 크기 때문인데, 대중 스타가 대표적인 트렌드세터다.

마돈나는 전형적인 트렌드세터다. 마돈나가 부유한 예술가이자 유명인사인 것은 사실이지만, 그녀는 매번 앨범을 발매할 때마다 새로운 스타일을 제시해 왔다는 점에서 트렌드 창조자이기도 하다. 영국의 축구 선수 베컴 역시 대표적인 트렌드세터다. 마돈나나 베컴은 세계적인 트렌드세터지만, 특정한 스타일의 유행은 단지 한두 사람의 트렌드세터에 의해서 결정되지 않는다.

유행의 확산과 관련해서 흥미로운 사례 중의 하나는 허시파피의 인기다. 허시파피는 1958년부터 캐주얼화, 작업화 그리고 옥외 신발 부문에서 선도적인 위치를 차지하고 있던 울버린 월드 와이드(Wolverine World Wide)의 한 사업부에서 처음 생산되었다. 울버린의 첫 판매 책임자 짐 뮤어(Jim Muir)는 밑창이 가볍고 편안하게 신을 수 있으며 신고 벗기 쉬운 스웨이드 천으로 된 신발에 맞는 이름을 찾다가 바셋하운드(basset hound: 다리가 짧은 사냥개)를 브랜드의 마스코트와 로고로 사용했다. 허시파피에서 만든 로퍼(loafer, 단화) 형태의 신발은 '얼스(Earls)'라고 불렀고, 레이스가 달린 신발은 '듀크(Dukes)'인데 색상은 다양했다.

1990년대 초반 허시파피에 대한 소비자의 관심은 현저하게 낮아졌다. 1994년 허시파피의 연간 판매량은 3만 켤레로 감소했으며, 주로 미국의 교도소나 뉴욕의 이스트 빌리지와 차이나타운에서 팔렸다. 또는 대부분 산간벽지의 할인점과 작은 마을의 구멍가게에서 팔린 것들이었다. 판매가 부진해지자 허시파피 제조사인 울버린은 이 신발의 생산을 단계적으로 중단하는 방안을 검토했다.

그러나 1994년 말부터 뉴욕의 이스트 빌리지 지역을 비롯한 소호의 중고 상점에서 허시파피가 갑자기 팔리기 시작했다. 이 시기 뉴욕의 젊은이들은 빈티지 스타일에 관심을 두기 시작했다. 1994년 디자이너 아이작 마즈라히(Isaac Mizrahi)의 가을 컬렉션에서 허시파피가 소개되었고, 그에 대한 다큐멘터리 〈언지프(Unzipped)〉가 TV로 방영되었으며, 1995년 1월 선댄스 영화제(Sundance Film Festival)에 이 다큐멘터리가 처음 상영되었다. 〈언지프〉를 본 사람들뿐만 아니라 남성 동성애자들 사이에서 이 가을 컬렉션은 큰 호응을 얻었다. 다큐멘터리에서 마즈라히가 동성애자임을 공개한 것이 계기가 되었다.

1995년 동성애자 디자이너 존 바틀릿(John Bartlett)이 가을 남성 속옷 컬렉션에서 허시파피를 사용했고, 로스앤젤레스 디자이너 조엘 피츠제럴드(Joel Fitzgerald)는 할리우드에 있는 자신의 숍을 허시파피 전문점으로 바꾸었다. 가수이면서 패션계의 중심에 있던 데이비드 보위(David Bowie)나 영화배우 수전 서랜던(Susan Sarandon) 같은 유명 인사들도 허시파피를 신고 다녔다. 1994년 말에 개봉한 영화 〈포레스트 검프〉의 톰 행크스(Tom Hanks)도 허시파피를 신었다. 1997년 동성애 잡지 ≪애티튜드(Attitude)≫와 트렌디한 여성 잡지 ≪제인(Jane)≫도 허시파피 기사를 실었다. 1995년 허시파피는 43만 켤레, 1996년 172만 켤레나 팔려 나갔다. 그다음 해 판매량은 더 늘어나면서 1998년 패션에 관심이 있는 젊은이들이 자신의 신발장에 허시파피를 진열하는 것이 트렌드가 되었다(Vejlgaard, 2008; Gladwell, 2020).

허시파피가 트렌드로 자리 잡기까지 다양한 종류의 트렌드세터가 개입했음을 알 수 있다. 아마도 가장 중요했던 트렌드세터는 뉴욕의 이스트 빌리지에 사는 청소년들일 것이다. 이스트 빌리지는 뉴욕에서 상층이 사는 곳이 아니라 하층이 사는 곳이다. 왜 이들 지역에 사는 청소년들이 허시파피에 주목했는지는 명확히 알 수 없지만, 당시 복고가 유행하기 시작했던 시점이었고, 교도소에서 편하게 신을 수 있는 신발이라는 것, 그리고 가격이 30달러 수준으로 높지 않았기 때문일 것이다. 이스트 빌리지는 범죄가 많은 지역이었고, 아이들이 교도소에 수감되는 경우도 적지 않았다. 이스트 빌리지 아이들이 교도소에서 신은 허시파피를 일상에서도 신었다는 것은 저항의 요소로 받아들여질 수 있다. 힙합 의상이 교도소 복장의 영향을 받은 것과 유사하다. 뉴욕의 하위문화가 허시파피의 유행을 이끈 선도자였다.

두 번째 트렌드세터는 디자이너다. 마즈라히, 바틀릿, 피츠제럴드 같은 디자이너들이 허시파피를 자신의 컬렉션에서 사용함으로써 변화에 주목했다. 세 번째 트렌드세터는 데이비드 보위, 수전 서랜던, 톰 행크스 등과 같은 대중스타다. 가수이자 배우인 데이비드 보위는 패션 분야에서 큰 영향력을 행사하던 스타였고, 톰 행크스가 주연으로 나온 영화 〈포레스트 검프〉는 당시 세계적인 인기를 끈 작품이었다. 이 밖에도 남성 동성애자들도 허시파피의 유행을 이끌었다. 디자이너 마즈라히와 바틀릿은 동성애자여서 남성 동성애자들이 허시파피를 구매하는 데 동인으로 작용했다. 트렌드세터는 아니지만, 1990년대 중반에 불기 시작한 복고 열풍은 허시파피 인기의 성황 요인이었다.

허시파피가 트렌드로 자리 잡는 데까지 걸린 시간은 약 2년이었다. 허시파피의 사례에서 보듯, 하나의 상품이 트렌드가 되기까지 다양한 수준의 트렌드세터가 개입한다. 하위문화 집단으로서 이스트 빌리지 아이들이 선도하고, 디자이너들이 뒤를 이었으며, 대중 스타들이 허시파피를 신고 다니면서 마침내 세계적인 인기 상품이 되었다.

참고문헌

김난도 외(2013). 『트렌드 코리아 2014』. 미래의창.

대학내일20대연구소(2023). 『Z세대 트렌드 트라이브십』. 위즈덤하우스.

≪동아일보≫(2005.9.10). "나 돌아갈래", 키덜트 문화, 순수미술 영화 개그까지 점령.

Gladwell, M.(2020). *The tipping point: How little things make a big difference*. Dorrance Publishing Co.. 김규태 옮김(2020). 『티핑 포인트』. 김영사.

Pillkahn, U.(2007). *Trends und szenarien als werkzeuge zur strategieentwicklung*. Publicis. 박여명 옮김(2009). 『트렌드와 시나리오』. 리더스북.

Vejlgaard, H.(2008). *Anatomy of a trend*. 이진원 옮김(2008). 『트렌드를 읽는 기술』. 비즈니스북스.

06

트렌드 확산

트렌드 확산의 경로는 위에서 아래로 영향을 미치는 '낙수 효과의 원칙'과 아래에서 위로 이동하는 '거품 확산의 원칙'이 있다. 트렌드가 갑자기 확산할 수도 있는데, 이것이 티핑 포인트다. 그러나 트렌드 확산에서 결정적 다수가 어떻게 형성되는가가 무엇보다도 중요하다. 신제품 확산 모델로 잘 알려진 배스 모델은 대중 매체의 영향력보다 대인 커뮤니케이션의 영향력이 더 중요하다는 것을 보여 준다.

확산 경로

유행이나 혁신이 어떻게 확산하는지에 대한 고전적 · 사회학적 연구들은 두 가지 측면에서 진행되었다. 하나는 '낙수 효과(trickle-down)의 원칙'이다(Tarde, 2013; Veblen, 2018). 계급 사회에서 스타일의 혁신은 상류 계급에서 시작해서 물방울이 아래로 떨어지듯 하류 계급으로 확산한다는 가정이다. 적어도 제2차 세계대전 이전까지 서구 사회에서 스타일과 취향의 변화는 낙수 효과의 방식으로 나타났다.

현대 사회에서는 사회적 · 경제적 관계가 변화하면서 낙수 효과만이 트렌드의 확산 경로라고 말할 수 없다. 낙수 효과와 반대로 아래로부터 위로 트렌드가 확산하는 경우도 많다. 이것은 '거품 확산(bubble-up)의 원칙'이다. 거품 확산의 원칙은 하위문화에서 주로 나타나는 확산의 경로다.

하위문화는 스타일을 통해서 공통의 경험을 표출한다. 하위문화 집단은 새로운 문화적 상징들을 이용하면서 자신만의 스타일을 만들어 낸다. 하위문화 집단이 만들어 내는 스타일은 '의미화의 실천'(Hebdige, 1979)으로 집단 정체성을 구성한다. 예를 들어, 펑크족은 가죽 재킷, 충격적인 머리 모양, 배수 파이프, 원색의 양말, 머리띠, 바버

부츠(바닥에 징을 박고 앞 끝에 쇠를 댄 구두) 등의 장식을 사용한다. 다양한 하위문화에서 만들어 낸 스타일은 하위문화 집단 자체에만 국한한 것이 아니라 대중적으로 확산하기도 한다.

힙합과 펑크의 예를 들어 보자. 힙합의 뿌리는 1970년대 미국의 빈민가에 사는 가난한 흑인 청소년들이었다. 대도시 빈민가에 살던 이들은 빈곤에 허덕였고, 폭력과 범죄에 휘말렸으며 교도소에도 갔다. 그들의 의상 스타일은 같은 지역에 살던 젊은이들에게 영향을 미쳤다. 교도소에서는 수감자가 자살을 시도할까 봐 옷에 벨트를 착용하지 못하게 했다. 이것은 나중에 수감자들의 친구와 가족들이 옷에 벨트를 하지 않고 바지를 입고 다니는 데 영향을 미쳤고, 그러다 보니 그들은 골반 부분에 바지를 걸치듯이 입고 다녔다. 이와 같은 힙합 스타일은 젊은이들에게 폭넓게 유행했다.

시인이자 펑크록 가수인 패티 스미스(Patti Smith)는 펑크록의 선구자 중 한 명이다. 1960년대 후반 그녀는 맨 처음 티셔츠와 청바지를 찢어서 입은 트렌드 창조자였다. 1970년대 펑크 운동이 일어나면서 많은 사람이 그녀처럼 옷을 찢어 입기 시작했고, 지금은 펑크족이 아니더라도 찢어진 청바지를 입는 것은 일상화되었다.

유행의 경로는 위로부터 아래로 내려오거나 혹은 아래에서 위로 올라가는데 여기서 중요한 질문은 특정 스타일이나 상품이 어떤 시점에서 갑자기 확산하는가 하는 점이다. 찢어진 청바지나 문신 등에서 보듯, 하나의 유행은 갑자기 확산하기보다 서서히 퍼져 나가는 경우가 적지 않다. 확산의 속도가 빠르거나 느린 것과 관계없이 확산에 대한 이론들은 혁신의 채택 방식이 시간의 경과에 따라 S형 곡선의 모양을 따른다는 것을 밝혔다. 그러나 특정 시점에 급속히 확산하는 유행도 갈수록 증가하고 있다. 글래드웰은 이것을 '티핑 포인트'라고 불렀다(Gladwell, 2020).

글래드웰이 말하는 티핑 포인트(tipping point)는 확산이 급속히 진행되는 변곡점이다. 티핑 포인트는 1950년대 미국 북서부의 오래된 도시들에 살던 백인들이 교외로 이주하는 현상을 설명하기 위해 처음 사용되었다. 모턴 그로진스(Morton Grodzins)는 미국 14개 대도시에서 흑인 인구가 백인 인구보다 빠르게 증가하는 과정을 분석하면서 백인 거주자는 동네에서 흑인의 비율이 특정 임계점을 넘으면 이사한다는 점을 밝혔다(Grodzins, 1957). 특정 동네에 흑인의 수가 일정 지점, 가령 20%에 이르면 '백인 탈주(white flight)' 현상이 급격히 발생했다.

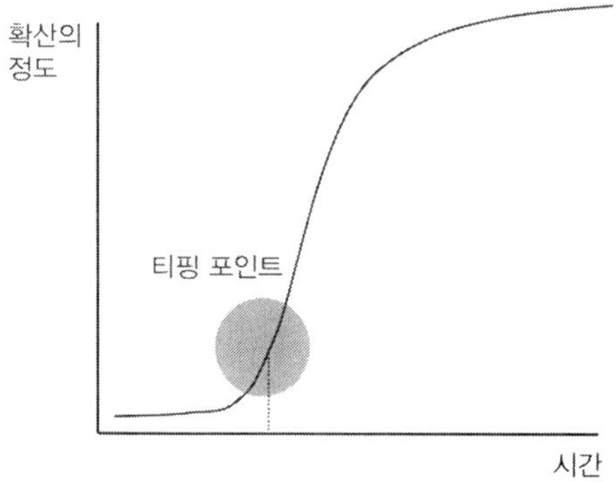

그림 6-1 티핑 포인트: 시간과 확산의 정도

글래드웰은 그로진스의 티핑 포인트 개념을 수용해서 유행이나 범죄 발생률에도 티핑 포인트가 있음을 주장했다. 티핑 포인트는 매력적인 아이디어이긴 하지만, 글래드웰이 실제로 유행이 어떻게 확산하는지 밝힌 것은 아니다. 글래드웰은 소수의 법칙으로 커넥터, 메이븐, 세일즈맨의 역할을 강조하지만, 어느 정도의 소수가 유행을 이끄는지 과학적 근거를 제시하지도 못했다.

덩컨 왓츠(Duncan Watts)와 피터 도즈(Peter Dodds)는 마케팅 및 확산 연구의 핵심 아이디어로 '결정적 다수(critical mass)'(Watts & Dodds, 2007)의 중요성을 강조한다. 결정적 다수는 물리학에서 핵반응을 일으키기 위해

요구되는 충분한 양의 방사선 물질을 의미하거나 자연 과학에서는 특정 종이 생존과 성장하는 데 필요한 숫자를 일컫는다. 이들은 일련의 컴퓨터 시뮬레이션을 통해서 확산은 영향력이 높은 사람들에 의해 주도되는 것이 아니라 쉽게 영향을 받는 개인들의 집합인 결정적 다수에 의해서 이루어진다는 사실을 밝혔다. 유행이나 트렌드가 확산하는 데 트렌드세터의 역할만큼 중요한 것은 결정적 다수의 형성이다.

확산 모델

트렌드가 어떻게 확산하는가에 대한 구체적인 모델은 거의 제시되지 않았다. 확산의 과정에 개입하는 다양한 변인(상품이나 라이프 스타일, 시간의 변화, 구성원들 사이의 관계, 특정 채널의 영향력 등)을 모두 고려하기 어렵기 때문이다. 마케팅 확산 모델에서 가장 널리 알려진 것은 배스(Bass) 모델이다. 배스 모델은 잠재적 소비자(채택자)가 내적 영향(대인 커뮤니케이션 채널)과 외적 영향(대중 매체)이라는 두 가지 커뮤니케이션 채널에 영향을 받는다고 가정한다(Mahajan, Muller and Bass, 1990).

그림 6-2에서 보듯, 소비자가 대중 매체 메시지를 통해 신제품을 구입하는 사례는 초기에 집중되어 있다. 그에

비해 대인 채널의 메시지를 통해 신제품을 채택하는 소비자는 확산 과정 초반부터 점차 늘어나다가 정점에 도달한 이후에는 감소함으로써 종 모양의 확산 곡선을 그린다. 예를 들어, 새로운 영화가 개봉했다고 하자. 배스 모델에 따르면, 개봉 초기에는 대중 매체의 영향력이 대인 채널보다 상대적으로 중요할 수 있지만, 시간이 흐름에 따라 대중 매체의 영향력은 서서히 감소하고 대인 채널의 영향력은 증가한다. 영화가 괜찮다는 입소문이 시간이 지날수록 관객을 끌어모으는 요인이라고 볼 수 있다. 대인 채널을 통한 입소문이나 관람객 평점 등이 영화 흥행에 영향을 미친다고 가정할 수 있다.

배스 모델은 본래 에어컨이나 텔레비전 수상기와 같은 내구재 소비를 예측하기 위한 것이었지만, 신제품이 얼마나 확산할 것인지를 예측해 주는 모델로 가치 있다. 배스 모델은 3개의 매개 변수(대인 커뮤니케이션, 대중 매체, 시간)를 통해서 소비자가 어떻게 구매하거나 수용하는지를 수학 공식으로 제공하기 때문에 확산 과정을 보다 체계적으로 파악할 수 있다.

농업 지식과 기술에 대한 개혁을 누가 채택하는가를 범주로 나눈 에버렛 로저스(Everett Rogers)의 채택자 유형은 트렌드의 확산 과정을 설명하는 데 응용될 수 있다

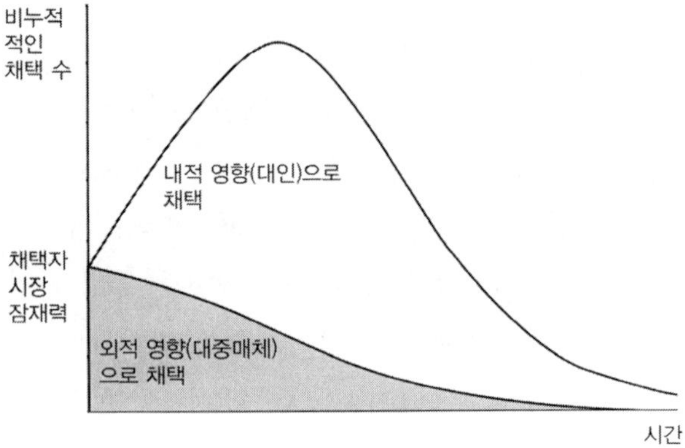

그림 6-2 신제품 채택률 예상을 위한 배스 모델
출처: Mahajan, Muller and Bass(1990: 4)

(Rogers, 2005). 로저스는 채택자 범주를 표준화하기 위해서 채택자 범주의 수와 각 범주에 포함되는 구성원의 비율을 구분했다. 새로운 혁신을 받아들이는 사람들은 S자 형태의 분포로 정규 분포와 가깝다.

그림 6-3에 따르면, 새로운 것을 채택할 때 채택자는 다섯 가지 유형으로 나뉜다. 채택의 변인은 평균 채택시간($\bar{x}$)에서 표준 편차(sd) 단위로 간격을 벌리는데 다섯 개의 채택자 범주는 개혁자(2.5%), 초기 채택자(13.5%), 초기 대다수(34%), 후기 대다수(34%), 비개혁자(16%)로 정규 빈도 분포를 나타낸다. 이념형으로 보면, 개혁자는 대

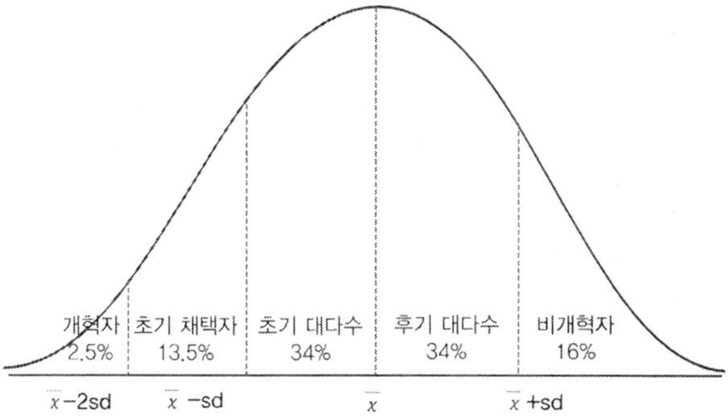

그림 6-3 채택자의 유형화 비율
출처: Rogers(2005: 298)

담하고 모험적인 성격을 지니며, 초기 채택자는 의견 지도력이 높은 사람들이며, 초기 대다수는 신중한 특징을 보이고, 후기 대다수는 개혁의 확산에 회의적인 사람들이다. 비개혁자는 매우 전통적이며 사회적 네트워크로부터 고립되어 있는 사람들이다(Rogers, 2005: 296~302).

로저스의 모델은 농업과 관련된 기술적 · 과학적 지식의 확산을 다루고 있고, 다수의 일반인에게 영향을 미칠 수 있는 변화 과정이 아니라 소규모 사회 집단, 예를 들어 농업 공동체에서 일어난 변화 과정에 초점을 맞추고 있기 때문에 혁신의 확산 과정과 트렌드의 확산 과정은 서로 다

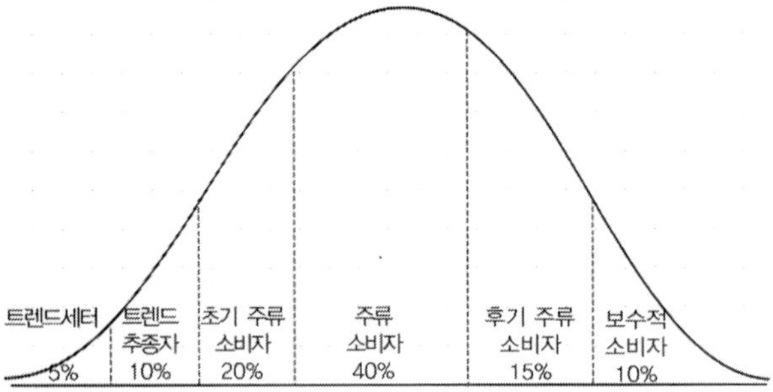

그림 6-4 소비자 유형화 비율

를 수밖에 없다. 그러나 로저스의 실증적 모델은 유행의 확산과 관련해서 범주와 흐름을 제시해 준다.

헨릭 베일가드는 로저스 모델을 응용해서 소비자를 유형화한다. 그는 사람들에게 자신이 여섯 개 집단 중에서 어떤 유형의 소비자인지 답하도록 했다(Vejlgaard, 2008: 119~120). 그림 6-4에서 보듯, 트렌드세터 5%, 트렌드 추종자 10%, 초기 주류 소비자 20%, 주류 소비자 40%, 후기 주류 소비자 15%, 보수적 소비자 10%였다. 그는 트렌드 창조자나 반혁신적 소비자의 비중은 1% 정도에 불과하다고 말한다. 로저스의 채택 모델과 비교하면, 트렌드세터는 개혁자에 가깝고, 트렌드 추종자는 초기 채택자에 속한다. 초기 주류 소비자와 주류 소비자는 초기 대다수와 후기 채택자, 후기 주류 소비자는 후기 채택자, 보수적 소비자는 비개혁자와 유사하다. 소비자 유형이 사회적 지위나 서열을 보여 주는 것은 아니다.

참고문헌

Grodzins, M. M.(1957). Metropolitan segregation. *Scientific American, 197*(4). pp. 33~47.

Hebdige, D.(1979). *Subculture: The meaning of style*. London: Methuen.

Mahajan, V., Muller, E., & Bass. F. M.(1990). New product diffusion models in marketing: A review and direction for research. *Journal of Marketing, 54*(1). pp. 1~26.

Rogers, E. M.(2003). *Diffusion of Innovations*. Free Press. 김영석 · 강내원 · 박현구 옮김(2005). 『개혁의 확산』. 커뮤니케이션북스.

Tarde, G.(1897). *Les Lois de l'imitation*. Hachette Livre. 이상률 옮김(2013). 『사회법칙: 모방과 발명의 사회학』. 아카넷.

Veblen, T.(1899). *The theory of the leisure class*. Macmillan. 임종기 옮김(2018). 『유한계급론』. 에이도스.

Vejlgaard, H.(2008). *Anatomy of a trend*. McGraw-Hill. 이진원 옮김(2008). 『트렌드를 읽는 기술』. 비즈니스북스.

Watts, D. J. & Dodds, P.(2007). Influentials, networks and public opinion formation. *Journal of Consumer Research*. *34*(4). pp. 441~458.

07

트렌드의 변화 과정

트렌드는 끊임없이 변화한다. 소비의 가장 큰 매력 중의 하나가 새로움이기 때문이다. 청바지는 오랜 기간에 걸쳐 새롭게 진화해 온 대표적인 유행 상품이다. 라이프 스타일도 다양한 욕구와 시대 변화에 따라 확대 재생산된다. '혼○'의 라이프 스타일은 혼밥에서 시작해서 혼술, 혼행, 혼영, 혼맥 등으로 확대되었다. 트렌드는 사이클이 있어서 반복적으로 변주한다. 패션 스타일, 미니멀리즘, 복고 열풍 등은 트렌드가 어떻게 순환하는지를 보여 준다.

트렌드의 진화

스타일과 취향은 끊임없이 생산되고 변화한다. 상품의 특징 중의 하나는 신상품과 새로운 서비스가 계속 공급되고 사람들이 쉬지 않고 그것을 변화시킨다는 사실이다. 새로움의 힘이야말로 소비의 가장 큰 매력 가운데 하나다. 모든 종류의 스타일과 취향이 같은 방식으로 변화하는 것은 아니기 때문에, 이것들을 관찰하려면 개별적 변화를 살펴봐야 하는 어려움이 있다. 라이프 스타일의 변화는 중장기적 변화 속에서 나타나고, 특정 상품의 변화는 단기적 과정에서 나타난다.

하나의 상품이 아무리 유행해도 시대에 따라 변화하지 않으면 생명력을 잃는다. 스타일과 취향의 변화는 단기적 변화와 장기적 변화로 나타난다. 일시적 유행은 단기적 변화다. 단기적 변화는 짧은 기간 유행하다가 소비자에게 지속적인 영향을 주지 못하는 한시적이거나 계절적인 유행이다. 반면 장기적 변화는 오랜 기간 변화 과정을 겪으면서 새롭게 진화한다.

청바지는 오랜 기간에 걸쳐 새롭게 진화하는 대표적인 상품이다. 독일 출신 미국 이민자 리바이 스트라우스(Levi Strauss)는 1853년 청바지를 만들었다. 캘리포니아 북부 금 채굴꾼들을 위해 텐트를 만들 때 사용하는 두꺼운 캔버스(canvas)를 청바지 소재로 사용했다. 캔버스가 떨어지자 데님(denim)을 이용해 바지를 만들었고, 허리까지 올라오는 작업복, 뒷주머니에 갈매기 날개 모양의 로고도 수놓았다. 1886년 뒷주머니 위쪽에 가죽 라벨을 추가하기도 했다. 골드러시가 끝나자 카우보이가 데님 청바지를 입었고 청바지에 시계를 넣는 주머니를 추가했다. 당시 샌프란시스코에서도 많은 선원이 데님 바지를 입었는데 이들도 청바지 소비자가 되었다.

랭글러(Wrangler)나 리(Lee) 같은 회사들은 지퍼를 사용한 청바지를 시장에 내놓았고, 1938년에는 여성용 청바지가 출시되었다. 1930년대 미국의 대공황 시절 목장에서 일하는 카우보이들이 청바지를 입었다. 1940년대 오토바이족이 등장하기 시작했는데, 이들은 말 대신 오토바이를 탔지만, 자유분방한 정신의 소유자라는 점에서 카우보이와 동일시했다. 카우보이 음악도 이때 유행하기 시작했다. 카우보이는 산업화와 도시화가 진행되던 시절 서부 개척 시대를 그리워하는 미국인의 정서를 노래해 큰 성공을 거두었다. 로이 로저스(Roy Rogers)와 밥 윌스(Bob Wills) 같은 컨트리 음악 가수들은 카우보이 복장을 했고, 청바지도 인기를 끌었다.

1950년대 말런 브랜도(Marlon Brando)나 제임스 딘

(James Dean)이 청바지를 입고 출연한 영화들이 인기를 끌면서 청바지를 입는 매력적인 남성들이 증가했다. 검은색 청바지도 등장했으며, 1960년대 히피족은 청바지를 저항의 정신과 노동 계급의 이미지 때문에 입기 시작했다. 기존보다 바지폭이 넓어진 나팔 모양의 청바지도 등장했다. 1960년대 말 펑크록 가수인 패티 스미스(Patti Smith)가 뉴욕에서 찢어진 청바지를 선보이면서 펑크족이 아니더라도 찢어진 청바지를 입기 시작했다. 1970년대 청바지는 청년 문화의 코드가 되었고, 1970년대 말에는 몸에 딱 달라붙는 청바지가 유행했다.

청바지가 세계적으로 인기를 끌면서 조르조 아르마니(Giorgio Armani), 캘빈 클라인(Calvin Klein), 랠프 로런(Ralph Lauren) 같은 유명 디자이너들도 청바지 생산에 뛰어들어 '디자이너 진(designer jeans)'이라는 신조어가 등장했다. 1980년대 말과 1990년대 초에는 스케이트족과 힙합족 예술가들이 청년 문화를 지배했고, 두 집단은 헐렁한 청바지를 선호했다. 1990년대에는 리바이 스트라우스가 카키색 청바지 도커스(Dockers)라는 브랜드를 출시했다. 구찌가 자수(刺繡) 진주와 깃털을 활용한 청바지를 출시하기도 했다. 2000년대 들어와서 리바이스는 여성 고객을 위한 맞춤형 청바지를 판매했으며, 2002년 봄 컬렉션에서 랭글러 등과 같은 청바지 브랜드들은 1970년대 빈티지 스타일(나팔바지 모양의 낡고 찢어진 스타일)뿐만 아니라 정통 스타일의 청바지를 시장에 내놓았다(Vejlgaard, 2008: 188~199).

청바지의 역사는 하나의 상품이나 스타일이 어떻게 변화되고 있는지를 극명하게 보여 준다. 트렌드 창조자였던 리바이 스트라우스가 청바지를 만들고, 미적으로나 기능적으로 새로운 스타일이 계속 출시되었다. 청바지 소비자도 변화했다. 금 채굴꾼, 카우보이, 선원 등과 같은 특정 직업군으로부터 젊은 남성과 여성으로 확대되었다. 시대의 흐름에 따라 청바지의 기능이 달라졌다.

컨트리 음악, 힙합, 펑크 음악의 선도자들이 청바지를 입으면서 트렌드세터로서 역할을 담당했고, 영화에서 자유와 저항의 아이콘들도 청바지를 입었다. 하위문화도 청바지의 지속적 유행에 개입했다. 비록 각각의 하위문화 집단이 추구하는 가치는 달랐지만, 오토바이족, 히피족, 스케이트족 등이 청바지를 즐겨 입었다. 청바지 시장이 커지자 디자이너 청바지가 등장하고 여성도 청바지의 주요한 소비자로 부상했다. 하나의 유행이 지속되는 이유는 시대적 변화의 흐름, 다양한 문화와의 교류, 미적 개발, 디자이너나 생산자의 개입 등이 복합적으로 맞물려 있기 때문이다.

특정 상품이 계속 변화하는 것과 마찬가지로 라이프 스타일도 다양한 욕구와 시대 변화에 따라 확대 재생산된다. 예를 들어, '혼○'의 라이프 스타일을 살펴보자. 우리 사회에서 '혼○'의 라이프 스타일이 부상한 것은 2010년 초반이다. 2013년 혼밥이 등장하면서 다양한 변주가 있었다. 혼밥은 가정식 대체 식품(HMR)으로 이어지고 간편식 시장은 성장하고 있으며, 팬데믹 기간에는 '홀로 만찬'이 확대되었다.

혼술이 유행하고, 혼자 여행을 떠나는 혼행, 혼자 영화를 보는 혼영, 혼자 맥주를 마시는 혼맥 등 신조어들이 등장했다. '혼○'의 라이프 스타일은 1인 가구의 증가와 밀접히 관련되었다. 2012년 국내 1인 가구 비중은 453만 가구로 전체 25%를 차지했다. 25%의 1인 가구 비율은 '결정적 다수'가 되었다. '혼○'의 유행은 개인의 시간 소유와 삶의 태도 변화를 의미한다. 혼자라는 것은 더는 외로운 것이 아니라, 즐기는 것이라는 가치와 혼자 사는 삶의 방식이 확장되고 있기 때문이다.

혼행이 확대되면서 여행사들도 혼자 여행을 즐기기 위한 상품들을 쏟아 내고 있으며, 혼행은 지속적으로 증가하고 있다. 김난도 외(2012)가 '나홀로 라운징'을 제시한 시

그림 7-1 '혼○'의 변화

점은 1인 가구의 증가가 티핑 포인트가 되었던 때와 맞물린다. '나홀로 라운징'은 공공장소에서 다른 사람들의 시선을 의식하지 않고 혼자만의 시간과 공간을 즐기는 것이다. 이와 같은 혼자의 시공간과 관련해서 김난도 외(2017)는 누구에게도 방해받지 않고 절대 휴식을 취할 수 있는 피난처로 '나만의 케렌시아'를 트렌드 키워드로 제시했다.

'혼○'의 라이프 스타일은 '○멍'의 시간으로 진화했다. '불멍'이 부상한 것은 2014년으로, 캠핑이 유행하면서 나를 보듬는 비움의 시간이나 내면의 평온함을 추구하는 경향이 증가했다. 지친 일상을 돌아보는 명상의 시간으로 불멍은 숲멍, 하늘멍, 나무멍, 물멍, 바다멍 등으로 확대되었다.

트렌드의 사이클

스타일과 취향은 시대에 맞게 새롭게 진화하지만, 트렌드에는 사이클이 있어서 반복되거나 변주되어 나타난다. 패션의 스타일이나 미니멀리즘, 복고 열풍 등은 사라졌다가 다시 등장한다.

미니멀리즘은 1960년대 깔끔하고 정돈된 실내 공간에 어울리는 가구를 중심으로 시작되어 패션업계 전체가 받아들이면서 유행했다. 제클린 케네디 오나시스(Jacqueline Kennedy Onassis)의 패션은 전형적인 미니멀리즘이었다. 1990년대에도 미니멀리즘은 프라다, 캘빈 클라인 등과 같은 패션을 중심으로 다시 등장했다. 미니멀리스트들은 최첨단 직물을 사용했고, 베이지색과 회색, 검은색이 주가 되는 중성적인 색상을 주로 애용했다. 패션, 인테리어, 가구 분야에서 폭넓은 인기를 끌었다. 2010년대 미니멀리즘은 라이프 스타일로 환경과 생활을 단순화하면서 여유롭고 소박한 삶을 추구하는 경향을 의미했다. 2011년 미니멀리즘을 추구한 잡지 ≪킨포크(Kinfolk)≫는 폭넓은 관심을 끌었다.

복고 열풍도 사이클을 그리면서 반복적으로 나타났다. 미국과 유럽에서 복고 마케팅 바람이 불던 시기는 1990년대였다. 복고 열풍은 체험 소비와 밀접히 관련된다. 대중은 시장에서 유년기의 추억을 느끼려고 했다. 그들은 아무 제한 없이 과거를 즐기고 과거의 브랜드를 서핑했다. '과거 지향적 소비'는 무엇보다 쾌락, 유희, 젊음의 문화 기호이고 주관적 경험을 위해 구매하는 시대의 기호가 되었다(Lipovetsky, 2009: 81). 1990년대 미국과 유럽의 복고 열풍이 향한 시기는 1960년대였다. 1960년대는 다양한 하위 집단이 나타났으며, 소비 사회로 전환되던 풍요한 사회였다.

우리 사회에서 복고 열풍은 2010년 초반부터 불어왔다 이때 소환된 향수는 1990년대였다. 2012년 〈건축학 개론〉과 〈응답하라 1997〉, 홍대 앞 '밤음사(밤과 음악 사이)'의 인기, 청춘 나이트, 아날로그 소품들은 복고 열풍을 불러일으켰다. 〈건축학 개론〉과 〈응답하라 1997〉의 시대적 배경은 1997년이다. 〈건축학 개론〉은 정확한 연대를 말하고 있지 않지만, 서른다섯 살이 된 주인공이 15년 전 대학 시절 첫사랑으로 돌아가서 벌어지는 이야기이기 때문에 영화 개봉 시점으로 보면 1997년으로 봐도 무방하다. 〈응답하라 1997〉은 담임 선생님의 장례식장에 다녀

온 고등학교 친구들이 1997년을 회상하면서 시작한다. 이들은 디지로그(디지털과 아날로그)로 불리는 X세대에 속해 있다. 〈건축학 개론〉과 〈응답하라 1997〉은 CD플레이어, 삐삐, 하이텔, DDR, HOT, 다마고찌 등 1990년대 추억을 소환했다. 그들의 기억에서 가장 행복했던 시간은 IMF 사태가 발생한 1997년 12월 이전이다(주창윤, 2013: 33).

거의 10년 가까운 시간 동안 우리 사회가 향한 곳은 1990년대의 향수였다. 김난도 외(2021)는 2020년 대한민국 10대 트렌드 상품으로 1990년대를 꼽았다. 한국의 문화 르네상스 시기였던 1990년대의 음악과 패션이 유행하고, 젊은 세대에게는 새롭게, 기성세대에게는 향수를 자극하는 문화가 인기를 끌고 있다. 젊은 세대들이 1990년대 음악에 몰입하면서 〈문명특급〉 '숨듣명(숨어 듣는 명곡)'과 같은 프로그램이 인기를 끌었다. 2010년대 초반에 불어온 복고 열풍이 1990년대를 살았던 세대의 향수로서 레트로(retro)였다면, 이후에는 1990년대를 경험하지 않는 젊은 세대가 새로운 경험을 하는 뉴트로(newtro)였다. 과거를 재현하는 것이 아니라 과거를 빌려 현재를 판매한다는 점에서 과거의 재해석이라고 볼 수 있다.

1990년대로 향한 복고 열풍이 2022년부터는 2000년 전후로 향하고 있다. Y2K(Year, 2, 1000을 가리키는 Kilo의

앞 글자로 만든 조어)라는 1990년대 말에서 2000년대 초반 세기말의 유행이 소환되고 있다. 2000년 밀레니엄이 주는 미래적 패션과 추억이 새로움으로 결합해서 Y2K 패션을 이끌었다. 2023년 에이블리가 정한 쇼핑 트렌드 키워드는 Y2K였다.

복고 열풍은 사이클을 이루면서 반복적으로 나타날 가능성이 높다. 다만 어느 시대로 향하는가만 다를 뿐이다. 복고는 단순히 심리적 퇴행이 아니라 젊은 세대의 이상으로 등장하면서 새롭게 재해석되고 있다. 게다가 과거에 대한 체험 소비는 복고 열풍을 부추기고 있다.

참고문헌

김난도 외(2012). 『트렌드 코리아 2013』. 미래의창.

김난도 외(2017). 『트렌드 코리아 2018』. 미래의창.

김난도 외(2020). 『트렌드 코리아 2021』. 미래의창.

주창윤(2013). 『허기사회: 한국인은 지금 어떤 마음이 고픈가』. 글항아리.

Lipovetsky, G.(2006). *Le bonheur paradoxal.* Gallimard. 정미애 옮김(2009). 『행복의 역설: 과소비사회의 소비심리를 분석한 미래사회 전망 보고서』. 알마.

Vejlgaard, H.(2008). *Anatomy of a trend.* McGraw-Hill. 이진원 옮김(2008). 『트렌드를 읽는 기술』. 비즈니스북스.

08

트렌드와 취향

취향은 사람들이 구성한 심미적 성향이다. 취향은 계급적 관계와 취향 집단에 따라 다르게 구성된다. 그러나 과잉 소비 사회에서 취향은 인구 사회학적 요인에 의해서가 아니라 개개인의 기대, 행동, 즐거움에 바탕을 두고 있다. 같은 취향을 공유하는 집단이 취향 공동체다. 취향 공동체는 스포츠나 문화 예술 영역과 체험형 취미 영역에서 확대되고 있다.

취향의 분화

취향은 사람들이 구성한 심미적 성향이다. 사람들은 자신의 성향에 따라 예술, 오락, 정보 등을 추구하면서 일상적인 일에서 벗어나서 자유로운 시간을 보내고 싶어 한다. 어느 사회든 그 사회의 심미적 성향이나 기준은 사회의 다른 부분들과 서로 관련되어 있다. 취향은 소비 성향과도 밀접히 관계된다. 우리가 옷을 산다고 할 때, 누구나 자신이 선호하는 취향이 있다. 상품 구매뿐만 아니라 체험 소비에서도 좋아하는 운동이나 전시, 공연 등은 사람에 따라 다르다.

스티븐 베일리(Stephen Bayley)는 취향이 근대성의 발전과 밀접히 관련되어 있다고 주장한다. "취향이란 그 기원이 정확히 대중 소비의 폭발을 목격한 역사적 시기 속에 놓여 있는 두 가지 제도인 백화점과 박물관에서 의례가 발전한 새로운 종교"(Bayley, 1991: 209)라는 것이다. 백화점이 상품 소비와 관련되어 있다면, 박물관은 체험 소비의 장소였다.

취향을 바라보는 두 관점이 있다. 하나는 취향을 계급적 관점에서 바라보는 것이다. 계급적이라는 말은 한 사람의 취향은 경제적 지위, 학교나 가정에서 익힌 교육이나 훈련에 따라서 다르게 구성된다는 것이다(Bourdieu,

2005). 다른 하나는 문화적 다원주의의 관점에서 취향의 다양성에 주목하는 것이다(Gans, 1998).

피에르 부르디외(Pierre Bourdieu)는 사람들이 자연 풍광이나 예술 작품을 보면서 느끼는 감성들은 계급적으로 차이가 난다고 주장한다. 취향의 계급적 차이는 경제 자본, 교육이라는 문화 자본, 인맥과 같은 사회(관계) 자본에 영향을 받기 때문이다. 이와 같은 자본들에 의해서 구성된 사회화된 습관과 취향이 '아비투스(habitus)'다. 아비투스에 따라서 음식, 음악, 가구 구매 선호도, 몸 꾸미기, 스포츠 등의 취향은 달리 나타난다.

스포츠에 대한 취향을 보자. 민중 계급은 집단 운동(축구와 럭비 등)이나 신체적 접촉이 많은 운동(복싱과 레슬링 등)을 좋아한다. 중간 계급은 일상생활에서 금욕주의적 성향을 보이는데, 이것이 다이어트, 체조, 조깅, 걷기 등을 선호하게 만들고, 지배 계급은 골프, 테니스, 요트, 펜싱 등을 즐긴다. 이것들은 비용이 많이 들고, 체력 소모가 적으며 체력 소모량도 스스로 결정할 수 있는 운동들이다(Bourdieu, 2005: 381~403).

허버트 갠스(Herbert Gans)는 취향이 어떻게 구성되는가에 초점을 맞추기보다 다원주의적 관점에서 취향 문화와 취향 공중을 논의한다. "취향 문화들은 총체성을 갖는 가치 체계들이 아니며 취향 문화의 공중들도 조직적인 집단들이 아니다. 취향 문화는 유사한 가치들끼리의 문화 체계라고 볼 수 있고, 취향 공중도 유사한 가치를 가짐으로써 여러 문화 내용 중에서 유사한 것을 선택하는 사람들의 집합체"(Gans, 1998: 103)다. 유사한 문화를 수용한 집단이 취향 공중이다.

취향 공중의 문화는 상급(high) 문화, 중상급(upper-middle) 문화, 중하급(lower-middle) 문화, 하급(low) 문화, 하급 민속(quasi-folk low) 문화, 청년 문화, 인종 문화 등으로 분화된다. 갠스가 취향 문화와 취향 공중의 개념을 도입하는 이유 중의 하나는 고급문화(high culture)와 대중문화(popular culture)같이 무엇이 품질이 높고 낮은 문화인지에 대한 이분법에서 벗어나기 위한 것이었다. 하급 문화에서 나타나는 대중의 취향이 고급문화에서 보이는 상류층의 취향보다 낮다고 볼 수 없다는 것이다. 나훈아 노래를 좋아하는 사람들의 취향이 조수미 노래를 좋아하는 사람들의 취향보다 낮다고 볼 수 없는 이유다.

계급적 관점에서 바라보는 부르디외의 견해와 취향 공중을 문화 수준에 따라 구분한 갠스의 견해가 오늘날 트렌드 취향과 관련해서 적용될 수 있을지는 미지수다. 부르디외는 1960년대 프랑스 사회가 조사한 실증 자료를 바탕으로 계급과 취향의 관계를 살폈지만, 현재 과잉 소비 사회에서 문화적 취향이나 소비 성향은 계급과 관계없이 분화되는 특징을 보이기 때문이다. 더욱이 성별, 나이, 종교 같은 요인을 넘어 관심사에 따라 취향은 분화되고 있다. 지배 계급, 중간 계급, 민중 계급의 '구별 짓기'는 취향의 다양화로 사라지는 경향이 있다. 이것은 취향 공중의 문화를 상급 문화에서 하급 민속 문화로 분류해서 논의한 갠스에게도 마찬가지로 적용된다. 오늘날 소비문화는 위의 다섯 가지 범주로 구별하기 어렵다.

과잉 소비 사회에서 개인의 취향은 다양하게 변화한다. 소비의 패턴은 상품의 소비와 같은 물질적 소비뿐만 아니라 개인의 감각적 즐거움을 추구하는 체험 소비로 확대되고 있다. 이와 같은 소비는 사회적 지위의 과시로 계급적 구별 짓기나 우월함을 드러내기 위한 것이 아니다. 명품이나 브랜드 소비를 통해서 사회적 지위로 인한 만족감이 여전히 남아 있지만, 이는 개인의 행복 추구를 위한 여러 다른 구매 동기 가운데 하나에 불과하다. 개개인의 기대, 취향, 행동에 바탕을 둔 '자신을 위한' 소비는 '타인을 위한' 소비를 앞지른다. 질 리포베츠키(Lipovetsky, 2009)는 주관적이고 감정적인 소비, 더 나은 삶을 체험하게 해 주는 소비, 건강과 오락, 행복을 추구하는 소비를 과잉 소비 사회의 특징으로 규정한다. 오늘날 소비 트렌드는 다양하게 분화될 수밖에 없으며, 취향에 따른 수많은 취향 공동체가 트렌드와 소비를 이끈다.

취향 공동체

취향 공동체는 심미 성향과 소비 성향을 공유하는 특정한 집단이다. 이 집단은 갈수록 분화하고 있다. 개인은 활발히 자기표현을 하고, 자신의 계발과 성장, 취향 찾기, 원하는 관계 맺기를 추구한다.

제러미 리프킨(Jeremy Rifkin)은 "사회가 서비스업으로 진화하고 산업 기반 지식이 늘고 체험 기반 사업이 발달하면서 기본적인 물질적 욕구가 채워졌을 때 사람들은 가치관의 방향을 비물질적인 쪽으로 바꾸어 삶의 질을 추구한다"(Rifkin, 2010: 559~560)고 강조한다. 개인에게 정서적인 것, 정신적인 것, 가치가 있다고 느끼는 것이 중요시되고 있다.

소비 사회에서 개인주의 성향은 증가하고, 수직적 공동체에서 수평적 공동체로 이동하는 현상은 전 세계에서 보편적으로 나타난다. 개인이 집단보다 우선시되고 자기중심적 사고가 증가해도 개인은 여전히 느슨한 사회적 연결과 심리적 안정감을 원하고 있다.

취향 공동체는 두 가지 방향에서 진행된다. 하나는 오프라인 취향 공동체이고, 다른 하나는 온라인 취향 공동체다. 그렇다고 오프라인과 온라인 취향 공동체가 완전히 분리되어 운영되는 것은 아니다. 오프라인 취향 공동체라고 하더라도 온라인에서도 활동한다. 휘발성이 강한 온라인 관계에 대한 피로도가 쌓이면서 오프라인 취향 공동체는 신뢰 있는 관계 맺기와 사회적 연결을 위한 정체성, 소속감, 연결함을 형성한다.

구선아와 장원호(2020)는 오프라인 취향 공동체의 증가 요인으로 소유가 아닌 경험과 가치 공유를 위한 욕구가 커졌고, 피상적 연결이 아닌 공감을 통한 사회적 연결을 원하고 있으며, 이는 물리적 공간에서 관계 맺기의 중요성으로 이어졌다고 주장한다. 또한 개인은 취향 공동체 참여를 통해 자신의 라이프 스타일에 서사를 만들며 의미를 부여하고 있다. 오지현 외(2021)는 수평적 취향 공동체로서 독서 공동체인 트레바리를 분석하고 있는데, 트레바리 가입자들은 개방적이고 주체적이며 지적인 동시에 트렌디한 이미지 확보를 위해 활동한다. 이것은 청년 세대의 코드와 정체성을 보여 준다.

2010년대 중반 이후 취향 공동체는 확산하였는데, 김난도 외(2008)는 취미에 빠진 대한민국에서 스포츠나 문화

예술 영역과 체험형 취미가 확대되고 있음을 지적한다. 대중은 더 이상 아마추어 수준에 머무르는 데서 만족하지 않으며, 눈높이도 높아졌고 자신만의 장기에 대한 욕구가 강해졌다. 취미의 확산은 취향 공동체로 이어졌다. 김난도 외(2015)는 트렌드 키워드로 취향 공동체를 꼽는다. 대세를 따르기보다 자기만의 라이프 스타일을 추구하는 소비자가 늘고 있다는 것이다. 남자는 남자다워야 한다거나 장난감은 아이들의 전유물이라는 식의 고정관념이 붕괴하면서 고급과 저급, 어른과 아이, 남성과 여성의 이분법적 취향 구분이 무너졌고, 기존의 고정관념에서 벗어나 자신만의 라이프 스타일을 추구하는 사람들은 이제 이색적인 취미를 당당하게 혼자 즐기고 비슷한 취향을 가진 사람들끼리 모여 취향 공동체를 만들기도 한다.

식습관과 신체 습관을 개선하기 위한 운동 모임인 '버핏서울', 다이어트 커뮤니티 '다노', 영화, 연극, 음악, 글쓰기, 요리 등 주제를 3개월 시즌제로 운영하는 '문토', 영화 커뮤니티 '담화관' 등은 오프라인과 온라인을 오가며 활동한다. 소셜 네트워크를 활용한 소비가 폭발적으로 늘어나면서 온라인에서도 취향 공동체가 활발히 운영되고 있다. '클래스101'은 온라인 취미공유 플랫폼으로 크리에이터(미술, 공예, 디지털 드로잉, 요리 등), 금융(부동산, 재테크, 온라인 쇼핑몰), 커리어(글쓰기, 비즈니스, 데이터 등)를 교육한다.

팬덤 문화도 취향 공동체로 영향력을 행사하고 있다. 팬덤은 아이돌 팬덤, 스포츠 팬덤, 게임 팬덤, 애니메이션 팬덤, 정치 팬덤에 이르기까지 다양하다. 아이돌 팬덤은 덕질의 일상화와 인정 투쟁을 통해서 새로운 공동체를 만들어 가고 있다. 취향별로 사람들을 묶어 주는 온라인 플랫폼도 다양해지고 있다. 해시태그를 통해 관심사를 기반으로 모이는 태그 문화가 커 가고 있는데, 이들도 취향 공동체로 볼 수 있다.

자기만의 취향을 추구하는 소비자의 출현은 기존의 성별, 나이, 직업, 학력 등 인구 통계학적 기준에 입각한 시장 세분화를 무력화한다. 취향의 반란은 세밀하게 특화되는 취향, 나만을 위한 맞춤 취향으로 확대되고 있다.

참고문헌

구선아 · 장원호(2020). 느슨한 사회적 연결을 원하는 취향 공동체 증가 현상에 관한 연구. ≪인문콘텐츠≫. 57호. 65~89.

김난도 외(2008). 『트렌드 코리아 2009』. 미래의창.

김난도 외(2015). 『트렌드 코리아 2016』. 미래의창.

오지현 외(2021). 수평적 취향 공동체를 통한 새로운 구별 짓기: 독서모임 커뮤니티 〈트레바리〉의 사례를 중심으로. ≪문화와 사회≫. 29(2). 182~244.

Bayley, S.(1991). *Taste: The secret meaning of things.* London: Faber & Faber.

Bourdieu, P.(1979). *La distinction: Critique sociale du jugement.* Delcourt. 최종철 옮김(2005). 『구별짓기: 문화와 취향의 사회학 上』. 새물결.

Gans, H.(1977). *Popular culture and high culture:* An analysis and evaluation of taste. Basic Books. 강현두 옮김(1998). 『대중문화와 고급문화』. 나남.

Lipovetsky, G.(2006). *Le bonheur paradoxal.* Gallimard. 정미애 옮김(2009). 『행복의 역설: 과소비사회의 소비심리를 분석한 미래사회 전망 보고서』. 알마.

Rifkin, J.(2009). *The empathic civilization:* The race to global consciousness in a world in crisis. TarcherPerigee. 이경남 옮김(2010). 『공감의 시대』. 민음사.

09

트렌드와 세대

세대는 친족 계보, 연령 집단, 동기 집단으로 구분된다. 동기 집단으로서 세대가 유사한 역사적 경험을 하더라도 의식과 소비 등에서 차이가 있다. 동시에 세대는 그들만이 만들어 내는 독특한 라이프 스타일, 의식, 언어 등이 있으므로 다른 세대와 구별된다. 친족 계보의 관점에서 보면, 베이비붐 세대의 자녀는 밀레니얼 세대이고, X세대의 자녀는 Z세대이며, 밀레니얼 세대의 자녀는 알파 세대다.

세대 문화

세대는 유사한 연령 집단과 공통의 사회적 경험을 기반으로 형성된다. 세대는 특정한 정치적 · 경제적 · 문화적 맥락 속에서 문화를 구성한다. 세대가 중요한 이유는 문화 간 차이와 갈등을 밝힐 수 있을 뿐만 아니라 사회 변화의 역동성이나 라이프 스타일 등을 규명하는 데 고려해야 할 주요 범주이기 때문이다.

세대는 '베이비붐'과 같은 인구학적 출생 집단, '중년 세대'와 같은 생애 단계, 특정 기간이나 단계에 나타나는 역사적 경험을 공유하는 집단으로 구분된다. 세대 개념이 다양하고 모호하지만, 기존 연구들은 세 가지 기준으로 세대를 규정한다(Kertzer, 1983; Miller, 2000; Edmunds & Turner, 2002). ① 조부모-부모-자녀 세대나 부모 세대와 자녀 세대를 구분하는 '친족 계보(kinship decent)', ② 청소년 세대, 중년 세대, 노인 세대 등과 같은 생애 단계에 속하는 '연령 집단', ③ 비슷한 시기에 태어나서 유사한 역사적 경험을 공유하는 '동기 집단(age cohort)'이다. 친족 계보와 연령 집단은 생물학적 '연령 효과'를 강조한 것이고, 동기 집단은 '공유된 역사적 경험'에 따른 구분이다. 따라서 세대는 생물학적 연령 범주와 세대 형성의 배경이 되는 역사적 경험으로 구성된다. 이 둘 사이가 분리된 것은 아니다.

카를 만하임(Karl Mannheim)은 세대를 사회 변화의 주체로 인식한다. 그는 역사적 변화 과정을 계급으로만 규정하는 단선적 인과 관계를 거부하고 세대 의식의 중요성을 강조한다(Mannheim, 1992). 만하임은 세대 의식 형성의 중요한 시기로 17~25세를 설정했지만, 대체로 20대를 중요한 시기로 봐도 무방하다. 한 사회의 문화를 이끄는 다양한 주체 중에서 20대가 사회 변화의 주체가 되는 경우가 적지 않기 때문이다. 20대에 형성한 사회의식은 지속성을 가지면서 동기 집단으로서의 세대 문화를 형성한다.

만하임은 '세대 단위'라는 개념을 제시한다. 세대 단위는 세대 내 차별적 분파로 한 세대가 같은 집단이 아니라는 것이다. 세대가 유사한 역사적 경험을 하더라도 의식과 태도의 차이가 있을 수 있는데, 이것이 '경험의 계층화'다. 경험의 계층화는 세대 의식의 형성 과정에서 세대 내 차별화된 경험이다. 만하임은 독일 격변기에서 도시 청년이 경험하는 것과 농촌 청년이 경험하는 것의 차이를 경험의 계층화로 불렀지만, 같은 세대 내에서도 의식, 소비 행위와 라이프 스타일은 다양하게 나타난다.

우리 사회는 2017~2018년 사이 욜로(YOLO)와 소확행의 열풍이 불었다. 욜로는 '한 번뿐인 인생'으로 현재의 만족을 위해 소비하고 즐기자는 라이프 스타일이다. 이런 성향을 강하게 드러내는 소비자 집단을 '욜로족'이라 부른다. 욜로족은 미래보다는 현재를 중시하기 때문에 지금 이 순간을 의미 있고 가치 있게 보내기 위해 노력한다. 욜로는 미래의 위험을 대비하지 않고 때로는 과도한 소비로 이어질 수 있다는 점에서 부정적으로 바라보는 시각도 있지만, 단순한 충동구매나 과소비와 달리, 후회 없는 삶을 지향하고 인생의 꿈을 실현한다는 점에서 특별한 의미를 지닌다.

소확행은 일상에서 느낄 수 있는 작지만 확실하게 실현 가능한 행복, 또는 그러한 행복을 추구하는 삶의 태도다. 혼자 즐기는 소소한 취미 생활에서 큰 행복감을 얻는다거나 쇼핑에서 가심비가 높은 제품을 구매하는 사람들이 소확행에 속한다고 볼 수 있다.

한국방송광고진흥공사(KOBACO)의 소비자 행태 조사(2017; 2018)를 보면, 욜로족의 라이프 스타일에 공감을 드러낸 집단은 전체 응답자의 15%였고(한국방송광고진흥공사, 2017: 15), 소확행 추구 집단은 전체 응답자의 27%였다(한국방송광고진흥공사, 2018: 11). 여기서 20대가 차지하는 비중은 욜로족이 23%이고, 소확행 추구 집단은 18%였다. 어떤 라이프 스타일이 트렌드로서 사회적으

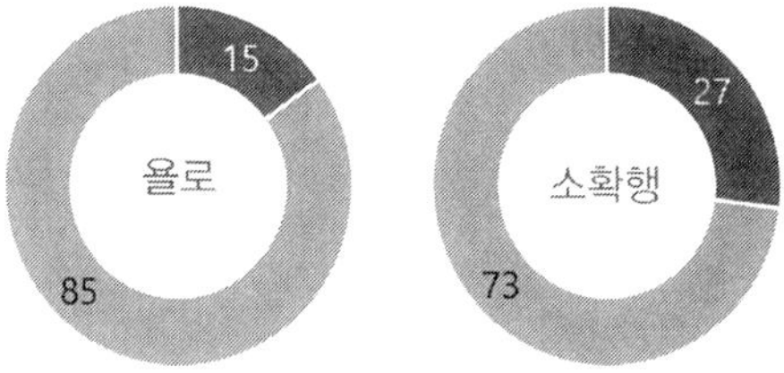

그림 9-1 욜로와 소확행의 비율

로 확대된다고 하더라도 그것이 30%를 넘는 경우는 매우 드물다.

라이프 스타일 트렌드로 욜로와 소확행의 열풍이 불었지만, 스스로 이 집단에 속한다고 생각하는 20대의 비율은 20% 내외인 셈이다. 여전히 80%는 자신을 이 집단에 속해 있다고 생각하지 않는다. 그렇지만 20%의 비율은 마이크로 트렌드가 지배하는 오늘날의 상황을 고려하면 매우 높은 수치다.

만하임은 세대가 만들어 내는 독특한 스타일을 '엔텔레키(entelechy)'라고 불렀다. 이것은 세대가 구성하는 능동적인 변화 능력과 다른 세대와 구별되는 스타일이다. MZ세대는 다른 세대와 구별되는 의식과 스타일을 갖는다. MZ세대는 틀을 깨고 나와 다양함을 추구한다거나 취향에 기초해 관계를 만들고, 소유보다는 공유의 소비 태도를 지니며, 불편을 바로잡고 선한 변화를 먼저 이끄는 경향이 있다(대학내일20대연구소, 2020: 313~322). 이와 같은 MZ세대의 의식과 태도는 기성세대와 구별된다.

소비 세대 구분

세대를 어떻게 구분할 것인가 하는 문제는 연구의 목적이나 방향에 따라 다를 수밖에 없다. 필자는 한국 사회의 세대와 세대 문화 구성과 관련해서 청년 문화 세대, 민중 문화 세대, 신세대, 참여 세대, 신자유주의 세대라는 명칭을 붙였다(주창윤, 2016). 이것은 세대의 역사적 경험을 바탕으로 변화 주체로서 세대를 규정하기 위한 것이었다. 그러나 트렌드의 관점에서 보면, 대부분 세대 구분의 목적은 소비 행위와 마케팅과 관련되어 있다. 따라서 가치가 개입되기보다 가치 중립적인 세대 호명이 사용된다.

일반적으로 많이 사용되는 세대 호명은 MZ세대다. 밀레니엄 세대와 Z세대를 포함하는 용어다. 밀레니얼 세대와 Z세대는 미국에서도 사용된다[미국에서는 밀레니얼 세대(1980~1998년생)를 Y세대라고 부른다]. 현재 일반적으로 사용되는 세대 호명은 표 9-1과 같이 베이비붐 세대, X세대, 전기 밀레니얼 세대, 후기 밀레니얼 세대, Z세대,

표 9-1 세대 구분

베이비붐 세대		X세대	밀레니얼 세대		Z세대	알파 세대
청년 문화	86세대		전기	후기		
1950년대	1960년대	1970년대	1980년대 초반~후반	1980년대 후반~1990년대 중반	1990년대 중반~2000년대 후반	2010년 초반~현재
60대 중반~70대 중반	50대 중반~60대 중반	40대 중반~50대 중반	40대 중반~30대 후반	30대 초중반	20대	10대

알파 세대다(대학내일20대연구소, 2020; 김난도 외, 2022).

베이비붐 세대는 신중년층 혹은 '액티브 시니어'로 불린다. 이들은 오랜 기간 매여 있던 직장을 떠난 후에도 사회활동을 접고 은둔하며 한가로이 지내기보다 다양한 직업에 다시 도전하고, 나이 들수록 매 순간이 소중하다며 아직 안 해 본 것, 지금까지 못 해 본 것을 경험하면서 나를 위한 시간에 투자한다. 또한 시간과 공을 들여 젊은이들의 취향과 브랜드를 좇으며 새로운 소비 트렌드를 형성한다.

베이비붐 세대는 최후의 아날로그 세대인 동시에 디지

털을 최초로 겪은 세대다. 아날로그 세계에서 태어나 자랐고, 각종 디지털 미디어 기술 및 제품, 서비스의 시작과 함께 살아왔다. 이들이 한창 사회생활을 하던 30대에 인터넷 시대가 시작했기 때문에 인터넷 활용도가 이전 세대보다 높다. 베이비붐 세대는 2019년 〈내일은 미스트롯〉과 2020년 〈미스터 트롯〉의 주요 시청자로 트로트 열풍을 주도했다.

X세대는 구매력이 높은 40대로 소비를 가장 많이 하는 연령대다. X세대는 우리나라 인구의 16%를 차지하는데 시장에 막강한 영향력을 발휘하는 '큰손' 소비자 집단이다. 소비자 집단으로서 X세대는 개인형 소비 성향, 친구 같은 부모, 집을 통한 취향 추구, 특별한 경험 선호의 특성을 보인다(이선미, 2022). X세대는 20대 시절 해외여행 자유화의 수혜를 입은 배낭여행 1세대다. 1990년대 20대의 해외 배낭여행은 모두에게 로망이었고, 그 로망을 직접 경험했다.

X세대 동기 집단이 구성하고 있는 세대 의식은 복합적이다. 베이비붐 세대는 집단주의와 이념 지향적이었다면, 이들은 개인주의적이고 탈이념적이다. 동시에 청소년기나 대학 시절에 IMF 외환 위기를 경험함으로써 가족의 위기를 체험하기도 했다. 이들은 문화적 안목이 높다고 볼

수 있는데, 1990년대 한류와 아이돌 그룹 등 한국 대중문화의 르네상스를 경험했기 때문이다. 이들은 1990년대에 대한 향수를 갖고 있다.

X세대는 자신들의 부모 세대와 달리 친구 같은 부모로서 역할을 수행하면서, 개인형 소비 성향이나 특별한 경험을 선호한다. X세대는 수입차를 가장 많이 구입하고, 브랜드를 따져 가며 소비하는 첫 세대이기도 하다. X세대는 트렌드로 홈트(홈 트레이닝), 복고, 키덜트, 오마카세 열풍을 이끌었다. 엔데믹 이후 열기가 식었지만, 오마카세 열풍은 MZ세대까지 퍼져 나가 '나를 위한 특별한 한 끼'를 즐기는 문화를 만들어 냈다.

밀레니얼 세대는 X세대보다 소비력은 조금 떨어지지만, 소비의 중추로서 트렌드를 이끌어 간다. 현재 30대 초반에서 40대 초반인 밀레니얼 세대는 직장에서도 중심적 위치에 있다. 밀레니얼 세대는 베이비붐 세대나 X세대와 비교하면 레저, 엔터테인먼트, 건강과 웰빙을 위한 지출이 많은 편이다. 이들은 나를 중시하며 나만의 개성과 스타일에 주안점을 둔다.

밀레니얼 세대는 학창 시절 컴퓨터, 인터넷, 스마트폰을 차례로 접해서 디지털 문화를 자연스럽게 형성했다. 첫 번째 '디지털 네이티브(digital natives)' 세대여서 디지털 커머스 환경에도 익숙하다. 이들은 가치 소비, 윤리, 환경에 관한 관심도 높다. 이들은 올바름이란 어떤 것인지를 생각하며, 기업 상품을 살펴볼 때도 기업의 진정성과 도덕성을 구매 기준의 하나로 여긴다(삼정 KPMG, 2019: 4~5).

Z세대는 현재 20대이며 디지털 원어민으로 소비력이 밀레니얼 세대나 X세대에 비교해 낮은 편이다. 부모에게 경제를 의존하고 있거나 사회 초년생으로 소득이 높은 편은 아니기 때문이다. Z세대는 삶의 방식(나의 만족을 우선으로 고려한다거나 타인에게 인정받을 수 있는 삶의 방식보다 나 자신에게 맞는 방식을 선택한다 등)이나 추구하는 가치(환경 관련, 취향 존중)가 밀레니얼 세대와 유의미한 차이가 없다. 다만 이들은 성평등이나 성 소수자와 관련해서 밀레니얼 세대보다 진보적인 입장이다. 유튜브, 인스타그램, 페이스북, 틱톡 같은 소셜 미디어의 활용은 밀레니얼 세대보다 적극적이다(대학내일20대연구소, 2019: 41~57).

디지털 원어민인 Z세대의 소비와 일상은 소셜 미디어와 분리하여 설명할 수 없다. 이들은 평소에는 짠테크를 하지만 가치가 있다고 판단되는 상품에는 과감하게 지출한다. 일반 상품과 서비스는 모바일을 이용한 할인 혜택과 최저가를 충분히 따지지만, 나를 돋보이게 하기 위한 투자에는 적극적이다. 이들은 습관적으로 유튜브를 보며 신상 패션 아이템을 확인하며, 인스타그램 활용에 매우 적극적이다. 인스타그래머블 (instagrammable) 사진은 트렌드를 만들어 내기도 한다(곽나래, 2019).

친족 계보의 관점에서 보면, 베이비붐 세대의 자녀는 밀레니얼 세대이고, X세대의 자녀는 Z세대이며, 밀레니얼 세대의 자녀는 알파 세대다. 세대의 소비 행위와 관련해서 흥미로운 것 중의 하나는 평행 소비의 경향이다. 스마트폰과 SNS 활용, 복고 경향, 노포를 비롯한 핫 플레이스 경험은 다른 세대가 같은 소비와 취향을 공유한다는 것을 보여준다. 1990년대의 복고 경향에서 보듯이, 서로 다른 세대가 같은 시대를 재해석하면서 평행적으로 소비한다.

참고문헌

곽나래(2019). 『90년대생 소비트렌드 2020』. 더퀘스트.

김난도 외(2019). 『트렌드 코리아 2020』. 미래의창.

김난도 외(2022). 『트렌드 코리아 2023』. 미래의창.

대학내일20대연구소(2019). 『밀레니얼-Z세대 트렌드 2020』. 위즈덤하우스.

대학내일20대연구소(2020). 『밀레니얼-Z세대 트렌드 2021』. 위즈덤하우스.

대학내일20대연구소(2023). 『Z세대 트렌드 2024』. 위즈덤하우스.

삼정 KPMG(2019). 新소비 세대의 의·식·주 라이트 트렌드 변화. *Samjong Insight*, vol. 66.

이선미(2022). 1990년대의 열정에 어깨 토닥토닥 나이 잊게 하고 당위성 부여해야. ≪동아비즈니스리뷰≫, 347호. Issue 2.

주창윤(2016). 『세대문화』. 커뮤니케이션북스.

한국방송광고진흥공사(2017). 2017년 소비자 행태 조사 보고서. 한국방송광고진흥공사.

한국방송광고진흥공사(2018). 2018년 소비자 행태 조사 보고서. 한국방송광고진흥공사.

Edmunds, J. & Turner, B.(2002). *Generations, culture and society.* Buckingham, Philadelphia: Open University Press.

Kertzer, D.(1983). Generation as a sociological problem. *Annual Review of Sociology, 9.* pp. 125~149.

Mannheim, K.(1992). The problem of generation. *Collected Works of Karl Mannheim,* 5. London: Routledge.

Miller, R.(2000). *Researching life stories and family histories.* London and New Delhi: Sage Publications.

10

역트렌드

지배적 트렌드, 부상적 트렌드, 역트렌드, 잔여적 트렌드는 사회 내에서 서로 경쟁한다. 디지털 트렌드가 지배적 트렌드라고 하더라도 그것이 소비 행위를 지배하는 것이 아니다. 어떤 한 방향으로 움직이는 트렌드가 생기면 반대 방향으로 움직이는 트렌드도 나타난다. 상반성의 원리가 트렌드에도 작용하는데 이것은 역트렌드다.

트렌드의 경쟁

트렌드들은 서로 경쟁한다. 지배적 트렌드는 영향력을 지속적으로 유지하기 위해서 소비자를 끌어들이지만, 지배적 트렌드에 반대하는 역(counter)트렌드도 있다. 부상하는 트렌드는 지배적 트렌드의 지위를 넘본다. 과거에 인기 있던 트렌드가 사라지기도 하지만, 여전히 남아서 잔여적 트렌드로 생명을 이어 가기도 한다. 라이프 스타일이나 유행의 패턴은 서로 영향을 주고받으면서 때로는 반대 방향으로 작동한다. 작용과 반작용처럼 트렌드에도 역트렌드가 있다.

트렌드는 지속성을 위해 미래 예측이 중요하지만, 이것은 결코 쉬운 일이 아니다. 울프 필칸(Ulf Pillkahn)은 미래 예측의 정보로 패러다임, 트렌드, 상반성, 불확실성, 카오스를 꼽는다(Pillkahn, 2009). 관찰 기간 동안 변하지 않는 지속성을 가진 것이 패러다임이라면, 일정한 방향의 쏠림으로 관찰되는 것이 트렌드다. 트렌드에 역트렌드가 있는 것처럼 서로 대비되는 견해나 모순된 상황이 존재하는 '상반성(contradiction)'이 있으며, 어느 방향으로 향할지 모르지만 영향력이 크기 때문에 고려해야 하는 불확실성의 요소와 가능성이 작아 보이지만 유행할 경우 큰 영향력을 행사하는 카오스도 있다. 사실상 트렌드의 변화는 너무 역동적이어서 어떻게 지속될지 예측하기 어렵다.

레이먼드 윌리엄스(Raymond Williams)는 문화의 가변성을 지배적인 것, 부상(浮上)적인 것, 잔여적인 것으로 구분한다(Williams, 1982). 문화는 형성 과정에서 근본적으로 다른 경험들과 경향들을 융합하거나 배제한다. 따라서 문화는 복합성을 지닐 수밖에 없다. 지배적인 것은 당대에 큰 영향력을 행사하는 것이며, 부상적인 것은 지배적인 가치나 의미에 대한 새로운 관계다. 부상적인 것은 두 가지 측면을 지닌다. 하나는 지배적인 것과 다른 새로운 가치이고, 다른 하나는 지배적인 것에 대한 대안 혹은 반대 성향을 갖는 것이다. 잔여적인 것은 과거에 영향력을 행사했지만 사라지지 않고 여전히 활동하는 것이다. 잔여적인 것 역시 지배적인 것에 대한 대안적이거나 대립적 관계에 있다.

윌리엄스가 정의하는 문화적 가변성에 대한 논의는 트렌드 형성 과정에도 적용된다. 트렌드 자체가 문화 형식 중에서 중요한 형식이기 때문이다. 한 사회 특정 시공간 내에서 지배적 트렌드, 부상적 트렌드, 역트렌드, 잔여적 트렌드가 서로 경쟁한다. 여기서 역트렌드는 지배적 트렌드에 대한 저항적 요소로 나타나지만, 잔여적이거나 부상적인 것과 관계를 맺기도 한다.

오늘날 지배적 트렌드 중의 하나는 디지털 트렌드다. 디지털 트렌드는 경제, 문화, 미디어, 일상생활 전반에 걸쳐 다양한 방식으로 나타난다. 디지털 트렌드가 만들어내는 속도와 변화 속에서 우리는 상품을 소비하고 라이프스타일을 구성한다. 과거 디지털 트렌드는 지배적 트렌드가 아니었다. 2000년대 초반 디지털 사회로 전환되면서 부상적 트렌드로 떠올랐다가 지금은 우세종이 되었다. 반면 아날로그 트렌드는 잔여적 트렌드다. 과거 아날로그 트렌드는 지배적 트렌드였다. 아날로그 트렌드의 영향력은 약해졌지만, 여전히 남아 있다.

디지털 트렌드에 대한 역트렌드가 아날로그 트렌드다. 아날로그 트렌드는 잔여적 트렌드이지만, 사람들은 디지털 트렌드에 대한 반작용으로 아날로그 트렌드를 소환한다. 대표적인 예로써 필름 카메라와 LP판의 유행을 들 수 있다. 요즘은 쉽게 핸드폰으로 사진을 찍을 수 있고, 보정도 하며 전송할 수도 있다. 필름 카메라는 가격이 만만치 않고, 필름 비용도 들며 상대적으로 불편하다. 그럼에도 필름 카메라를 사서 사진을 찍는다. 아날로그 감성을 느끼고 싶기 때문이다. 아날로그 카메라를 사지 못하는 Z세대는 핸드폰 카메라 렌즈에 화장품이나 핸드크림을 묻혀서 일부러 뿌옇게 연출하기도 한다. 저화질의 뿌연 영상

연출법은 감성 사진 촬영법으로 유행한다(이보경, 2023).

LP판도 마찬가지다. 디지털 음원보다 음질이 떨어지며, 일정한 시간마다 카트리지를 새로 옮기는 불편함이 있다. 그러나 LP판 특유의 지지직대는 잡음과 바이닐 음반이 돌아가는 모습을 가만히 지켜보는 것을 즐긴다. 물멍이나 불멍과 같은 음반멍인 셈이다. 쉽게 구할 수 있는 CD나 디지털 음원과 달리 LP판은 희소가치가 높기 때문에 선호하는 경향도 있다. 사람들은 기계적인 디지털카메라나 디지털 음악보다 인간적인 감성이 아날로그에 있다고 생각한다. 아날로그 감성의 추구는 복고 트렌드와 밀접히 관련되어 있지만, 디지털 감성에 대한 역트렌드다.

상반성의 원리

어떤 한 방향으로 움직임이나 욕구가 생기면 다른 집단에서 반대 방향으로 움직임이 일어난다. 상반성의 원리가 트렌드에도 작용한다. 상반성의 원리가 작동하는 역트렌드는 마이크로 트렌드에서 두드러지게 나타난다.

상반성의 원리는 지배적 트렌드에 대한 역트렌드로 나타난다. 디지털 감성에 대한 아날로그 감성과 유사하게 나타나는 현상은 많이 있다. 인스타그램, 페이스북, 엑스와 같은 개방형 SNS와 달리 지인들 위주로 네트워크를 형성하는 폐쇄형 SNS도 있다. 개방형 SNS에 대한 피로감 때문이다. 별다른 실속이 없는데 SNS 관리에 많은 시간과 노력을 쏟는다는 생각이 들거나 너무 많은 정보 때문에 피곤함을 느낀다. 개방형 SNS에서 자신의 행복한 모습만을 보이고 싶어 하기 때문에 상대적 박탈감을 느끼거나 원하지 않는 사람들과의 관계 형성에 부담감도 느낀다.

2022년 나온 로켓(Locket)과 같은 폐쇄형 SNS가 증가하고 있다. 로켓은 위젯을 활용하는데, 친한 지인 20명까지 친구가 가능하며, 메신저를 읽었는지 안 읽었는지 표시되지 않기 때문에 친구와 느슨한 소통이 가능하다. 불특정 다수가 참여하는 것은 차단되기 때문에 고요하면서 정답고 솔직한 대화를 나눌 수 있다. 실시간 촬영 사진만 게시가 가능하다. 개방형 SNS가 타인의 시선을 의식한다면, 폐쇄형 SNS는 친밀한 관계 속에서 나의 일상에 집중하는 모습을 보여 준다.

2010년 초반에 부상한 트렌드 중 하나는 먹방이다. 당시 아프리카TV 먹방 중계는 전체 10~15%를 차지할 정도로 중요한 아이템이었다. 유튜브에서도 먹방 콘텐츠는 대식가 콘텐츠, 미친 식재료(킹크랩 맛살 만들기), 쇼츠 레시피, 요리비책 등 다양하다. 이 중에서 대식가 콘텐츠는 구독자에게 인기가 높다. 먹방 콘텐츠에서 남들이 먹는 양보다 적은 '소식좌(小食座)' 콘텐츠가 2020년 초반부터 등장했다. 소식좌 연예인뿐만 아니라 일반인 브이로거들이 소식하는 일상을 담은 콘텐츠가 증가했다. 소식가 콘텐츠는 대식가 콘텐츠의 역트렌드지만, 팬데믹 이후 지속 가능한 식단 조절, 운동량과 먹는 양의 균형, 식습관 개선, 환경에 대한 관심 등이 맞물리면서 대안으로 떠올랐다(김희연, 2022).

펜과 잘레스네는 수많은 마이크로 트렌드가 서로 영향을 주고받거나 반대 방향으로 움직인다고 주장한다(Penn & Zalesne, 2007). 미국인 대부분은 일광욕을 즐길 것으로 여겨지지만, '태양 혐오족'도 200만 명이나 되면서 자외선 차단 의류 같은 새로운 산업이 떠오른다. 디지털 시대에 집중하지 못하는 경향과 달리 '주의력 과다족'도 상당수 존재한다. 컴퓨터와 핸드폰을 끼고 살지만, '젊은 뜨개질족'도 빠르게 늘어나고 있다. 뜨개질은 새로운 명상법으로 불리고, 미션을 완수할 때 느끼는 강력한 성취감으로 10대와 20대 집단에서 늘어나고 있다.

두 개의 상반된 트렌드가 동시에 작동하기도 한다. 틱톡이나 유튜브 쇼츠와 같이 쇼트 폼 콘텐츠가 유행하지만, 동시에 영화나 드라마를 몰아 보는 사람들도 증가한다. 점보 사이즈가 인기를 끄는 동시에 미니 사이즈도 유행한다. 명품을 소비하면서 가성비를 추구하는 것도 마찬가지다.

소비자의 선택에서도 상반성이 나타난다. 디지털 경제는 소비자로 하여금 선택의 다양성을 높였다. 그러나 예상치 않은 일들이 발생하고 있다고 펜과 메러디스 파인먼(Meredith Fineman)은 주장한다(Penn & Fineman, 2018). 선택의 폭은 넓어졌지만, 선택은 줄었다는 것이다. 스타벅스가 세계적인 브랜드가 된 이유는 선택의 다양성 때문이었는데, 소비자는 자신의 취향에 맞는 상품을 발견하면 그것만 찾는 경향이 있다. 마치 어제도 오늘도 스타벅스에 가서 돌체 콜드 브루 그란데를 주문하는 것과 같다. 소비자는 하나에 몰두하는 '디깅너(digginger)'가 되고 있다.

이 같은 경향은 과잉 소비 사회에서 극단적 개인주의 소비가 지배적으로 나타나기 때문이다. 시장은 취향에 따라 세분화되고 차별화되지만, 선택은 자신의 취향에 따라 몰입하는 경향이 있다. 따라서 마이크로 트렌드는 증가하며, 동시에 지배적 트렌드에 대항하는 역트렌드도 확산한다.

참고문헌

김난도 외(2019). 『트렌드 코리아 2020』. 미래의창.
김희연(2022.9.21). 대식가 먹방의 시대는 갔다? 소식(小食)

트렌드가 뜨는 이유. 캐릿.
이보경(2023.7.18). 핸드크림 보정법이 뭐야? Z세대 사진 트렌드 업데이트. 캐릿.
Penn, M. & Zalesne, K.(2007). *Microtrends: The small forces behind tomorrow's big changes.* 안진환 · 왕수민 옮김(2008). 『마이크로트렌드: 세상의 룰을 바꾸는 특별한 1%의 법칙』. 해냄.
Penn, M. & Fineman, M.(2018). *Microtrends squared: The new small forces driving today's big disruptions.* Hachette Book Group. 김고명 옮김(2018). 『마이크로트렌드 X』. 더퀘스트.
Pillkahn, U.(2007). *Trends und szenarien als werkzeuge zur strategieentwicklung.* Publicis. 박여명 옮김(2009). 『트렌드와 시나리오』. 리더스북.
Williams, R.(1977). *Marxism and Literature.* Oxford University Press. 이일환 옮김(1982). 『이념과 문학』. 문학과지성사.

주창윤

서울여자대학교 언론영상학부 교수다. 한양대학교와 동 대학원 신문방송학과를 졸업하고, 영국 글래스고 대학원 영화와 텔레비전 학과에서 박사학위를 받았다. SBS 시청자위원, MBC 경영평가위원, ≪한국언론학보≫ 편집위원장 등을 역임했다. 한국방송학회 학술상(2005)과 한국언론학회 희관저술상(2016)을 수상했다.

1986년 ≪세계의 문학≫을 통해 등단했다. 시집으로 『물 위를 걷는 자 물 밑을 걷는 자』(1989), 『옷걸이에 걸린 羊』(1998), 『안드로메다로 가는 배민 라이더』(2021)가 있다. 주요 연구 영역은 문화 연구다. 저서로는 『사랑의 인문학: 사랑, 그 끊임없는 발견을 위하여』(2019), 『역사 드라마: 상상과 왜곡 사이』(2019), 『세대문화』(2016), 『영상 이미지의 구조』(2015), 『한국 현대문화의 형성』(2015), 『허기사회』(2013), 『대한민국 컬처코드』(2010), 『텔레비전 드라마: 장르·미학·해독』(2005) 등이 있다.